U0577465

做新时代的奋斗者

任初轩　编

人民日报出版社

北　京

图书在版编目（CIP）数据

做新时代的奋斗者 / 任初轩编. -- 北京：人民日
报出版社, 2024.6. -- ISBN 978-7-5115-8320-8

Ⅰ. D432.62-49

中国国家版本馆CIP数据核字第2024KP7892号

书　　名：做新时代的奋斗者
　　　　　ZUO XINSHIDAI DE FENDOUZHE
作　　者：任初轩

出 版 人：刘华新
策 划 人：欧阳辉
责任编辑：周海燕　孙　祺
装帧设计：元泰书装

出版发行：人民日报出版社
社　　址：北京金台西路2号
邮政编码：100733
发行热线：（010）65369509 65369512 65363531 65363528
邮购热线：（010）65369530 65363527
编辑热线：（010）65369518
网　　址：www.peopledailypress.com
经　　销：新华书店
印　　刷：大厂回族自治县彩虹印刷有限公司
法律顾问：北京科宇律师事务所　（010）83622312

开　　本：710mm×1000mm　　1/16
字　　数：210千字
印　　张：16.25
版　　次：2024年6月第1版
印　　次：2025年1月第2次印刷

书　　号：ISBN 978-7-5115-8320-8
定　　价：48.00元

围绕"五个自觉"高质量开展
中青年干部教育培训

习近平总书记在 2024 年春季学期中央党校（国家行政学院）中青年干部培训班开班之际作出的重要指示，站在全局和战略高度，阐明了年轻干部队伍建设的极端重要性，为广大年轻干部指明了"五个自觉"的努力方向，对各级党组织抓好后继有人这个根本大计提出了明确要求。习近平总书记的重要指示具有很强的政治性、思想性、指导性、针对性，为年轻干部健康成长提供了行动指南，也为做好年轻干部教育培训工作提供了科学指引。我们要深入学习贯彻习近平总书记关于党校工作的重要论述，特别是在六次中青年干部培训班开班式上的重要讲话，深入抓好重要指示的贯彻落实，紧紧围绕"五个自觉"不断加强和改进办学治校各项工作，更好践行"为党育才、为党献策"的党校初心，为源源不断培养造就堪当强国建设、民族复兴重任的可靠接班人作出新的更大贡献。

致力于培养党的创新理论的笃信笃行者，把讲全讲准、讲深讲透习近平新时代中国特色社会主义思想作为教学中心任务

　　理论修养是领导干部综合素质的核心。习近平总书记在重要指示中强调，年轻干部"要自觉做党的创新理论的笃信笃行者，坚持不懈用新时代中国特色社会主义思想凝心铸魂，不断筑牢信仰之基、补足精神之钙、把稳思想之舵，切实提升马克思主义理论水平和运用能力"。习近平总书记的重要论述不仅深刻阐明了加强理论学习对年轻干部固本培元的重要作用，也对年轻干部做到学思用贯通、知信行统一提出了明确要求，为加强对年轻干部的理论教育提供了根本遵循。

　　理论创新永无止境，理论武装永不停歇。深入学习贯彻习近平总书记重要指示精神，中央党校（国家行政学院）将把持续推动马克思主义中国化时代化最新成果进教材进课堂进头脑作为中青班教学重中之重，继续修订完善《习近平新时代中国特色社会主义思想教学大纲》，在已经形成的 100 余门相关课程基础上进一步优化课程体系，融合设置理论讲授、实践解读、案例教学三个板块，着重从问题导向、理论贡献、实践价值、世界意义等维度加强对党的创新理论的深度讲解。继续组织骨干教师赴浙江、福建等地调研，探寻理论渊源，力求为学员讲出理论纵深和发展脉络，切实增进年轻干部对党的创新理论的政治认同、思想认同、理论认同、情感认同。继续抓好集体备课、教学督导、教材建设等关键环节，多措并举提高授课质量，帮助年轻干部全面提高理论思维能力，实现理论学习的深化、内化、转化，努力成为习近平新时代中国特色社会主义思想的坚定信仰者和忠实实践者。

致力于培养对党忠诚老实的模范践行者，引导年轻干部增强拥护"两个确立"、做到"两个维护"的自觉性和坚定性

对党忠诚是中国共产党人首要的政治品质。习近平总书记强调，年轻干部"要自觉做对党忠诚老实的模范践行者，旗帜鲜明讲政治，着力提高政治判断力、政治领悟力、政治执行力，严守党的政治纪律和政治规矩，说老实话、办老实事、做老实人，始终同党中央保持高度一致"。习近平总书记的重要论述深刻阐明了对党忠诚老实的科学内涵，深刻阐明了年轻干部做政治上的"明白人""老实人"的实践要求，为教育引导年轻干部更好锤炼政治品格指明了努力方向。

对党忠诚老实是具体的、实践的，需要年轻干部常思细照、终身践履。深入学习贯彻习近平总书记重要指示精神，中央党校（国家行政学院）将在党性教育中进一步强化政治忠诚教育，发挥相关讲题在培根铸魂、启智润心方面的重要作用，持续讲好"坚决维护习近平总书记的核心地位和党中央权威""贯彻党的民主集中制"等专题课程，结合理论讲授、"五史"教学等引导年轻干部深刻领会"两个确立""两个维护"的理论逻辑、历史逻辑、实践逻辑，始终在政治立场、政治方向、政治原则、政治道路上同以习近平同志为核心的党中央保持高度一致。继续组织学员深入开展习近平同志地方工作系列采访实录学习交流，紧密结合新时代取得的历史性成就、发生的历史性变革，切实增强年轻干部拥护"两个确立"、做到"两个维护"的自觉性和坚定性。坚持正面引导与警示教育相结合，开展好"严守党的政治纪律和政治规矩"案例式教学，组织学员深入进行党性分析，探索实行全

周期全链条党性教育模式，让年轻干部在思想上受触动、精神上受洗礼、行为上有戒惧，自觉做政治上的"明白人""老实人"。

致力于培养矢志为民造福的无私奉献者，教育引导年轻干部牢记和践行党的初心使命

人民立场是党的根本政治立场。习近平总书记强调，年轻干部"要自觉做矢志为民造福的无私奉献者，始终把人民放在心中最高位置，树立和践行正确政绩观，走好新时代党的群众路线，提高做群众工作的本领，用心用情用力解决群众急难愁盼问题，不断增强人民群众的获得感、幸福感、安全感"。习近平总书记的重要论述深刻阐明了年轻干部要回答好我是谁、为了谁、依靠谁的问题，深刻阐明了年轻干部干事创业应有的人生境界和目标追求，为教育引导年轻干部厚植为民情怀、践行为民服务宗旨提供了科学指引。

共产党人打江山、守江山，守的是人民的心。年轻干部作为中国特色社会主义事业的接班人，尤其要树牢群众观点。深入学习贯彻习近平总书记重要指示精神，中央党校（国家行政学院）在中青班已设置"习近平关于坚持以人民为中心重要论述""走好新时代党的群众路线——传承弘扬'四下基层'优良作风"等课程的基础上，将进一步在各教学单元安排有关增强党的宗旨意识的专题课程，帮助年轻干部站稳人民立场、提高为民本领。继续开展"学习老一辈革命家的人格风范"体验式教学，组织学员到革命老区切身感受党的光荣传统和优良作风，引导年轻干部为大公、守大义、求大我。继续开设以"树立正确的权力观政绩观事业观"为主题的学员讲堂，帮助年轻干部筑

牢为民造福是最大政绩的理念，努力做到凡是有利于党和人民的事就事不避难、义不逃责，大胆地干、坚决地干。综合运用多种形式，教育年轻干部常修为政之德、常怀为民之志、恪守为民之责、多谋利民之策，以实干实绩践行党的初心、书写奋斗答卷。

致力于培养勇于担当作为的不懈奋斗者，更加精准高效地抓好履职能力培训

当干部就要有担当，有多大担当才能干多大事业，尽多大责任才会有多大成就。习近平总书记强调，年轻干部"要自觉做勇于担当作为的不懈奋斗者，锐意改革创新，敢于善于斗争，愿挑最重的担子、能啃最硬的骨头、善接烫手的山芋，在直面问题、破解难题中不断打开工作新局面"。习近平总书记的重要论述深刻指明了年轻干部要在哪些方面担当作为、要怎样保持踔厉奋发的精神状态，为加强对年轻干部的专业训练，帮助年轻干部尽快提高推进中国式现代化建设的本领明确了重点任务。

干事担事，是干部的职责所在，也是价值所在。新时代新征程党的中心任务对年轻干部能力素质提出了更高要求。深入学习贯彻习近平总书记重要指示精神，中央党校（国家行政学院）将在中青班已有能力课程的基础上，聚焦习近平总书记对年轻干部提出的"七种能力"，进一步强化"提高履职能力"教学单元课程设置。在中青班设计推出反映习近平同志地方工作实践的系列案例课程，开设以"发扬斗争精神、提高斗争本领"等为主题的专题课，引导年轻干部自觉向习近平总书记学习领导经验和工作方法，将其转化为武装头脑、指

导实践、推动工作的强大力量。将进一步优化中华优秀传统文化名家讲座、科技前沿院士讲座的选题，根据学员"两带来"问题和课题研究选题更有针对性地安排选修课程，帮助年轻干部学习新知识、增长新本领。通过课堂学习、学员论坛、社会调查等多种方式帮助学员解决"本领恐慌"、增长能力才干，让年轻干部以更加过硬的综合素质、更加昂扬的奋斗姿态争做中国式现代化建设的坚定行动派、实干家。

致力于培养良好政治生态的有力促进者，更加深入地落实好从严治校的办学方针

培养良好政治生态要从"关键少数"抓起。习近平总书记强调，年轻干部"要自觉做良好政治生态的有力促进者，发扬彻底的自我革命精神，节俭朴素、谦逊低调，坚决反对形式主义、官僚主义，坚决反对特权思想和特权行为，永葆共产党人清正廉洁的政治本色"。习近平总书记的重要论述深刻指明了年轻干部要在拒腐防变上守住哪些防线、要在严以律己上保持怎样的道德操守，为教育引导年轻干部涵养为政之德、时刻自省自重提供了行动指南。

优良作风的养成并非朝夕之功，不可能毕其功于一役。年轻干部要勤掸"思想尘"、多思"贪欲害"、常破"心中贼"。深入学习贯彻习近平总书记重要指示精神，中央党校（国家行政学院）将在中青班教育管理中把全面从严治党战略方针、从严治校办学方针有机贯通起来，继续讲好"坚定不移全面从严治党""违纪违法中管干部忏悔录的警示"等专题课程，继续在中青班组织开展党章党规党纪考试，让年轻干部时刻绷紧纪法规矩这根弦，做到心有所畏、言有所戒、行有

所止。发挥好党校作为不正之风"净化器"、党性锻炼"大熔炉"、全面从严治党"风向标"的作用，坚持全链条从严治校，抓住学员和教职工两个关键，按照党中央统一部署扎实开展党纪学习教育，持续加强学风校风建设，让学员把遵守校规校纪作为纪律性养成和党性锻炼的重要环节，要求教职工正人先正己，保持严管严治的担当，一体推进严以治校、严以治教、严以治学，让学习之风、朴素之风、清朗之风在党校蔚然成风。

强国建设、民族复兴伟业为年轻干部加快成长成才、堪当历史重任提供了新机遇、提出了新要求。抓好年轻干部教育培训工作，是全国党校（行政学院）系统的光荣使命和神圣职责。我们将以深入学习贯彻习近平总书记重要指示精神为契机，深入践行"为党育才、为党献策"的党校初心，深入学习贯彻习近平总书记关于年轻干部的重要论述，深入研究年轻干部教育规律，深入抓好面向年轻干部的基本培训，把党校姓党、从严治校、质量立校的要求细化落实到中青班教育管理全过程各环节，更好发挥全国党校（行政学院）系统合力，全面提升年轻干部教育培训质量。

中共中央党校（国家行政学院）校（院）务委员会

（《人民日报》2024 年 4 月 11 日第 9 版）

目录
· CONTENTS ·

第三章
自觉做矢志为民造福的无私奉献者

第四章
自觉做勇于担当作为的不懈奋斗者

第五章
自觉做良好政治生态的有力促进者

第一章

自觉做党的创新理论的
笃信笃行者

要自觉做党的创新理论的笃信笃行者，坚持不懈用习近平新时代中国特色社会主义思想凝心铸魂，不断筑牢信仰之基、补足精神之钙、把稳思想之舵，切实提升马克思主义理论水平和运用能力。

自觉做党的创新理论的笃信笃行者
——"奋力跑好历史的接力棒"

李　斌

　　实现高质量发展，需要以新的生产力理论为指导。全国两会上，习近平总书记再次就发展新质生产力作出深入阐释、提出明确要求。从春天出发，党的创新理论凝聚起团结奋斗的强大共识和力量。

　　"牢记初心使命、顽强拼搏进取，奋力跑好历史的接力棒"，习近平总书记对年轻干部提出明确要求，强调要"自觉做党的创新理论的笃信笃行者""自觉做对党忠诚老实的模范践行者""自觉做矢志为民造福的无私奉献者""自觉做勇于担当作为的不懈奋斗者""自觉做良好政治生态的有力促进者"。作为党和国家事业发展的生力军，年轻干部必须在常学常新中加强理论修养，把自己的思想摆进去、把工作摆进去、把职责摆进去，真切感悟习近平新时代中国特色社会主义思想的真理力量和实践伟力，做到笃信笃行，才能不辜负党和人民期望和重托，成为可堪大用、能担重任的栋梁之才。

心中有信仰，脚下有力量。马克思主义是中国共产党人理想信念的灵魂。李大钊在就义前，坚定发出"共产主义在中国必然得到光辉的胜利"的坚贞誓言。面对敌人屠刀的夏明翰，写下"砍头不要紧，只要主义真"的雄壮诗篇。从革命先辈身上，我们看到了不屈的信仰和绝对的忠诚。政治上的坚定、党性上的坚定都离不开理论上的坚定。理想信念的确立，是一种理性的选择，必须有深厚的理论信仰作支撑。在"笃信"上下功夫，就要坚持不懈用党的创新理论凝心铸魂，从中学出坚定信念、学出绝对忠诚、学出使命担当，涵养"风雨不动安如山"的沉着、"乱云飞渡仍从容"的定力和"越是艰险越向前"的勇毅，始终让党和人民信得过、靠得住、能放心。

科学理论是我们推动工作、解决问题的"金钥匙"。以精准扶贫精准脱贫基本方略为指引，我们如期打赢了脱贫攻坚战；坚持山水林田湖草沙是生命共同体，我们整体施策推动生态文明建设，祖国大地天更蓝、地更绿、水更清；推动中华优秀传统文化创造性转化、创新性发展，我们让传统文化资源"活"起来、"火"起来……提高理论素养，根本的目的是增强工作本领，提高解决实际问题的水平。在"笃行"上下功夫，就要坚持不懈用党的创新理论指导实践、推动工作，不断提高工作原则性、系统性、预见性和创造性，以新气象新作为推动高质量发展取得新成效。

习近平总书记同青年学生交流时，曾讲述自己读马列著作的心得："在读书过程中通过不断重新审视，达到否定之否定、温故而知新，慢慢觉得马克思主义确实是真理，中国共产党领导确实是人民的选择、历史的选择，我们走的社会主义道路确实是一条必由之路。"青年人精力充沛，思想活跃，学得更多一些、更快一些、更好一些、更深一些，真正把马克思主义看家本领学到手，必能在新时代新征程上留下坚实的奋斗足迹。

（《人民日报》2024 年 3 月 14 日第 4 版）

不断提高全党马克思主义水平

山东省习近平新时代中国特色社会主义思想研究中心

在学习贯彻习近平新时代中国特色社会主义思想主题教育工作会议上，习近平总书记指出："我们要以这次主题教育为契机，加强党的创新理论武装，不断提高全党马克思主义水平，不断提高党的执政能力和领导水平，为奋进新征程凝心聚力，踔厉奋发、勇毅前行，为全面建设社会主义现代化国家、全面推进中华民族伟大复兴而团结奋斗。"习近平新时代中国特色社会主义思想是当代中国马克思主义、二十一世纪马克思主义，是党和人民实践经验和集体智慧的结晶，是全党全国人民为实现中华民族伟大复兴而奋斗的行动指南。在全党深入开展学习贯彻习近平新时代中国特色社会主义思想主题教育，是党中央为全面贯彻党的二十大精神、动员全党同志为完成党的中心任务而团结奋斗所作的重大部署，是深入推进新时代党的建设新的伟大工程的重大部署。我们要深刻认识开展这次主题教育的重大意义，牢牢把握"学思想、强党性、重实践、建新功"的总要求，坚持学思用贯通、知信行统一，真正把马克思主义看家本领学到手，自觉用习近平新时代中国特色社会主义思想武装头脑、指导实践、推动工作。

马克思主义中国化时代化的最新成果

时代是思想之母，实践是理论之源。当代中国正经历着我国历史上最为广泛而深刻的社会变革，也正在进行着人类历史上最为宏大而独特的实践创新。世界百年未有之大变局加速演进，中华民族伟大复兴进入关键时期，迫切需要继续推进马克思主义中国化时代化，科学回答中国之问、世界之问、人民之问、时代之问。

以习近平同志为核心的党中央统筹中华民族伟大复兴战略全局和世界百年未有之大变局，坚持把马克思主义基本原理同中国具体实际相结合、同中华优秀传统文化相结合，科学回答了新时代坚持和发展什么样的中国特色社会主义、怎样坚持和发展中国特色社会主义等重大时代课题，创立了习近平新时代中国特色社会主义思想。这一科学思想内涵十分丰富，涵盖新时代坚持和发展中国特色社会主义的总目标、总任务、总体布局、战略布局和发展方向、发展方式、发展动力、战略步骤、外部条件、政治保证等基本问题，并根据新的实践对党的领导和党的建设、经济、政治、法治、科技、文化、教育、民生、民族、宗教、社会、生态文明、国家安全、国防和军队、"一国两制"和祖国统一、统一战线、外交等各方面作出新的理论概括和战略指引。党的十九大、十九届六中全会提出的"十个明确""十四个坚持""十三个方面成就"概括了习近平新时代中国特色社会主义思想的主要内容。党的二十大提出的"六个必须坚持",概括阐述了习近平新时代中国特色社会主义思想的世界观、方法论和贯穿其中的立场观点方法。"十个明确""十四个坚持""十三个方面成就""六个必须坚持"内在贯通、有机统一,凝结着我们党认识世界、改造世界的宝贵经验和重大成果,体现了理论与实际相结合、认识论和方法论相统一的鲜明特色,共同构成习近平新时代中国特色社会主义思想的科学体系。

习近平新时代中国特色社会主义思想是马克思主义中国化时代化的最新成果,实现了马克思主义中国化时代化新的飞跃。这一科学思想贯通马克思主义哲学、政治经济学、科学社会主义,贯通历史、现实和未来,贯通改革发展稳定、内政外交国防、治党治国治军等各领域,为丰富发展马克思主义作出了原创性贡献,为传承发展中华优秀传统文化作出了历史性贡献,为推动人类文明进步事业作出了世界性贡献。在这一科学思想指引下,我们党统揽伟大斗争、伟大工程、伟大事业、伟大梦想,统筹推进"五位一体"总体布局、协调推进"四个全面"战略布局,党和国家事业取得历史性成就、发生历史性变革,推动我国迈上全面建设社会主义现代化国家新征程,实现中华民族伟大复兴进入了不可逆转的历史进程。在当代中国,坚持和发展习近平新时代中国特色社会主义思想,就是真正坚持和发展马克思主义,就是真正坚持和发展科学社会主义。

必须长期坚持的指导思想

新思想指导新实践,新思想引领新征程。习近平新时代中国特色社会主义思想植根于新时代坚持和发展中国特色社会主义的伟大实践，坚持理论指导和实践探索相统一，在指导实践、推动实践中展现出巨大真理力量和独特思想魅力，是经过实践检验、富有实践伟力的强大思想武器。新时代党和国家事业之所以取得历史性成就、发生历史性变革，最根本的原因在于有习近平总书记作为党中央的核心、全党的核心掌舵领航，在于有习近平新时代中国特色社会主义思想科学指引。习近平新时代中国特色社会主义思想是为新时代伟大实践所证明的科学理论，是全党全国人民为实现中华民族伟大复兴而奋斗的行动指南，必须长期坚持并不断发展。

当前，我国已经进入了实现中华民族伟大复兴的关键阶段。全面建设社会主义现代化国家、以中国式现代化全面推进中华民族伟大复兴，必须坚持把习近平新时代中国特色社会主义思想作为行动指南。只有运用这一科学思想观察时代、把握时代、引领时代，才能更好统筹中华民族伟大复兴战略全局和世界百年未有之大变局，深刻洞察时与势、危与机，积极识变应变求变。只有以这一科学思想为指导，推动中国式现代化取得新进展新突破，强化政治领导，丰富战略支撑，拓展实践路径，破解发展难题，激发动力活力，才能使中国式现代化的中国特色更加鲜明、优势更加彰显、前景更加光明。只有以这一科学思想为指导，解决经济社会发展中的各种矛盾和问题，完整、准确、全面贯彻新发展理念，加快构建新发展格局，推动高质量发展，促进共同富裕，才能为实现中华民族伟大复兴奠定雄厚物质基础。只有以这一科学思想为指导，防范化解重大风险，增强忧患意识，坚持底线思维，下好先手棋、打好主动仗，才能经受住中华民族伟大复兴进程中的各种风浪考验。只有以这一科学思想为指导，深入推进全面从严治党，时刻保持解决大党独有难题的清醒和坚定，确保党永远不变质、不变色、不变味，才能为强国建设、民族复兴提供根本保证。

习近平新时代中国特色社会主义思想是不断发展的开放的理论，必将随着党的新的伟大事业和党的建设新的伟大工程的深入推进，随着强国建设、民族复兴伟业的全面拓展而持续发展、不断丰富、更加完善。新征程上，坚持以习近平新时代中国特色社会主义思想为指导，系统把握中国式现代化的理论体系，贯彻落实好全面建设社会主义现代化国家的战略部署，就一定能把中国式现代化的宏伟蓝图一步步变成现实，以中国式现代化全面推进中华民族伟大复兴。

把学习贯彻习近平新时代中国特色社会主义思想不断引向深入

习近平总书记指出："坚持用马克思主义中国化时代化最新成果武装全党、指导实践、推动工作，是我们党创造历史、成就辉煌的一条重要经验。"我们要认真学习领会习近平总书记重要讲话精神和党中央部署要求，深入开展学习贯彻习近平新时代中国特色社会主义思想主题教育，把学习贯彻习近平新时代中国特色社会主义思想不断引向深入，为奋进新征程凝心聚力。

坚持多思多想、学深悟透。坚持读原著学原文悟原理，坚持多思多想、学深悟透，全面学习领会习近平新时代中国特色社会主义思想的科学体系、精髓要义、实践要求，做到整体把握、融会贯通。对各领域提出的新理念、新思想、新战略，对各方面工作提出的具体要求，都要放在整个科学体系中来认识和把握，避免碎片化、片面性。通过学习教育，使党员、干部不断增进对党的创新理论的政治认同、思想认同、理论认同、情感认同，坚定对马克思主义的信仰、对中国特色社会主义的信念、对实现中华民族伟大复兴中国梦的信心，自觉做习近平新时代中国特色社会主义思想的坚定信仰者、积极传播者、忠实实践者。

全面把握这一思想的世界观、方法论和贯穿其中的立场观点方法。学深悟透习近平新时代中国特色社会主义思想，必须准确把握和运用好这一思想的世界观、方法论和贯穿其中的立场观点方法。"六个必须坚持"是习近平新时代中国特色社会主义思想的立场观点方法的重要体现，是对马克思主义世界观、方法论和立场观点方法的坚持、运用和发展，是深刻理解习近平新时代中国特色社会主义思想的基本点和"金钥匙"。只有准确把握包括"六个必须坚持"在内的习近平新时代中国特色社会主义思想的立场观点方法，才能更好领会这一思想的精髓要义，才能把思想方法搞对头，认识问题才站得高，分析问题才看得深，开展工作也才能把得准。

坚持学思用贯通、知信行统一。理论的价值在于指导实践，学习的目的全在于运用。学习习近平新时代中国特色社会主义思想，就要把这一思想转化为改造主观世界和客观世界的强大思想武器。广大党员、干部要坚持学思用贯通、知信行统一，学习掌握习近平新时代中国特色社会主义思想关于坚定理想信念、提升思想境界、加强党性锻炼的一系列要求，始终保持共产党人的政治本色。领导干部作为"关键少数"，要坚持以身作则、以上率下，切实承担起组织推动学习贯彻的领导责任，带头把理论学习、调查研究、推动发展、检视整改贯通起来，有机融合、一体推进。坚持边学习、边对照、边检视、边整改，把问题整改贯穿主题教育始终，努力在以学铸魂、以学增智、以学正风、以学促干方面取得扎实成效，奋力在强国建设、民族复兴进程中创造新的历史伟业。

（执笔：唐洲雁　韩　冰）

（《人民日报》2023 年 5 月 17 日第 9 版）

深学细悟习近平新时代中国特色社会主义思想

田培炎

　　马克思主义是实践的理论，是用来改造世界、改变世界的。它源于实践、指导实践，并随着实践的发展而不断发展，其内容和表现形式都具有强烈的时代气息、鲜明的实践色彩、明确的现实指向。恩格斯指出："历史从哪里开始，思想进程也应当从哪里开始，而思想进程的进一步发展不过是历史过程在抽象的、理论上前后一贯的形式上的反映；这种反映是经过修正的，然而是按照现实的历史过程本身的规律修正的，这时，每一个要素可以在它完全成熟而具有典型性的发展点上加以考察。"只有坚持理论与实践相结合、逻辑与历史相统一，才能把握马克思主义的真谛。习近平新时代中国特色社会主义思想是顺应时代发展要求、实践发展需要、人民群众愿望创立的，并且是在指导新时代波澜壮阔的创造性实践中不断丰富和发展的。当我们与历史和实践同行，就能更好把握习近平新时代中国特色社会主义思想的科学体系、核心要义、实践要求。这里，从习近平新时代中国特色社会主义思想创立和发展的着力点，提供深学细悟这一重要思想的八个视角。

（一）察大势。时代大势展示着历史发展的新趋势，汇聚着社会变革的新信息，蕴含着复杂多变的新机遇新挑战，体现着社会发展必然性与偶然性、变与不变的辩证法。唯有正确判断形势，深刻认识国内国际形势发展变化中的时与势、危与机、有利与不利，才能为科学决策、政策调整提供充分依据。党的十八大以来，习近平总书记以宏阔的战略思维，深刻分析国内外大势，形成一系列重大论断。

就国内大势而言，习近平总书记提出"中国特色社会主义进入新时代，我国社会主要矛盾已经转化为人民日益增长的美好生活需要和不平衡不充分的发展之间的矛盾"；强调我国仍处于重要战略机遇期，"但机遇和挑战都有新的发展变化""机遇更具有战略性、可塑性，挑战更具有复杂性、全局性，挑战前所未有，应对好了，机遇也就前所未有"；作出我国进入新发展阶段的新论断，提出社会主义初级阶段"是一个动态、积极有为、始终洋溢着蓬勃生机活力的过程，是一个阶梯式递进、不断发展进步、日益接近质的飞跃的量的积累和发展变化的过程"，新发展阶段"就是社会主义初级阶段中的一个阶段，同时是其中经过几十年积累、站到了新的起点上的一个阶段"；指出"实现中华民族伟大复兴进入了不可逆转的历史进程""我国发展具备了更为坚实的物质基础、更为完善的制度保证、更为主动的精神力量"。就国际大势而言，习近平总书记提出世界正处于大发展大变革大调整时期，正经历百年未有之大变局，进入新的动荡变革期。世界多极化加速推进，"西强东弱"短期内不会改变，但"东升西降"的趋势不可阻挡。经济全球化是时代潮流和历史大势，但同时逆全球化思潮抬头，单边主义、保护主义明显上升。新一轮科技革命和产业变革深入发展，正处在实现重大突破的历史关口。

这些重要论断，为我们观察时代、把握时代、引领时代，统筹中华民族伟大复兴战略全局和世界百年未有之大变局，积极识变应变求变，在危机中育新机、于变局中开新局提供了科学指引。

（二）擘未来。马克思主义政党的性质和宗旨，决定了其能够超越其他政党的党派偏私，有效避免政策前后不一、左右摇摆，为既定目标接续奋斗，实现远大理想和阶段性目标相统一。马克思主义政党所拥有的独特理论优势，决定了其能够依据科学理论深刻认识人类社会发展规律，科学预见未来，明确奋斗目标，制定达至目标的行动纲领，不断增强工作的前瞻性、预见性、指导性，防止和避免盲目性、随意性、片面性。党的十八大以来，以习近平同志为核心的党中央，根据时代发展新要求、人民美好生活新期待，科学擘画党和国家事业发展的宏伟蓝图，提出一系列战略目标、战略布局、战略部署、战略举措。

党的十八大以来，习近平总书记先后提出"两个一百年"奋斗目标，作出分两个阶段实现第二个百年奋斗目标的战略安排，并明确新时代新征程党的中心任务是"团结带领全国各族人民全面建成社会主义现代化强国、实现第二个百年奋斗目标，以中国式现代化全面推进中华民族伟大复兴"。围绕这些目标，习近平总书记提出统揽伟大斗争、伟大工程、伟大事业、伟大梦想，统筹推进"五位一体"总体布局，协调推进"四个全面"战略布局；提出实施科教兴国战略、人才强国战略、创新驱动发展战略、乡村振兴战略、区域协调发展战略、可持续发展战略、军民融合发展战略等重大战略，还分别提出建设制造强国、科技强国、质量强国、航天强国、网络强国、交通强国、海洋强国、贸易强国、体育强国、文化强国、教育强国、人才强国、农业强国等强国目标。此外，习近平总书记对经济社会发展各领域也分别提出具体的目标要求，形成一个总分结合、覆盖全面、内容丰富的目标体系。

这些目标要求，为我们党团结带领全国各族人民踔厉奋发、勇毅前行、开创事业发展新局面提供了根本遵循。

（三）增自信。人民是历史的主人。马克思主义政党从事的事业是人民群众自己的事业，只有充分激发人民主人翁精神，鼓起人民群众创造美好未来的信心和勇气，汇聚蕴藏在人民之中的无穷智慧，形成全体人民团结奋进的磅礴力量，才能不断创造历史伟业。党的十八大以来，以习近平同志为核心的党中央，坚持人民主体地位，尊重人民首创精神，唤起全体中华儿女的自信心、自豪感，不断增强全党全国各族人民对中国特色社会主义的道路自信、理论自信、制度自信、文化自信，提出了一系列新思想新观点新论断。

针对一个时期一些干部群众对中国特色社会主义信心不足，对中华优秀传统文化、党的光辉历史知之不多、了解不深，自觉不自觉地将西方发展模式、政治制度等奉为圭臬，以此来评判我国现实等问题，习近平总书记明确指出："当今世界，要说哪个政党、哪个国家、哪个民族能够自信的话，那中国共产党、中华人民共和国、中华民族是最有理由自信的！"强调中国特色社会主义道路"是中国共产党带领中国人民历经千辛万苦、付出巨大代价开辟出来的，是被实践证明了的符合中国国情、适合时代发展要求的正确道路"；"拥有马克思主义科学理论指导是我们党坚定信仰信念、把握历史主动的根本所在",置身于新中国成立以来特别是改革开放以来历史巨变之中的中国人更有资格、更有能力为发展马克思主义作出中国的原创性贡献;中国特色社会主义制度是具有鲜明中国特色、明显制度优势、强大自我完善能力的先进制度;中国特色社会主义文化积淀着中华民族最深沉的精神追求,代表着中华民族独特的精神标识,是激励全党全国各族人民奋勇前进的强大精神力量。

在这些重要思想指导下,中国人民的历史主动精神空前激发,创造活力空前迸发,防风险、迎挑战、抗打压的志气、骨气、底气空前增强。

(四)求变革。生产力是社会发展最革命、最活跃的因素,具有一往无前的革命性品格,是社会变革最终的和最主要的动因。马克思主义政党作为先进生产力的代表,始终以解放和发展生产力为己任,总是通过主动变革不适应生产力发展要求的生产关系和上层建筑,为生产力的发展开辟广阔前景。在执政条件下,马克思主义政党领导建立的社会主义制度并不是尽善尽美、一成不变的,而是在不断改革中日益完善的。党的十八大以来,以习近平同志为核心的党中央,以前所未有的力度全面深化改革,敢于啃硬骨头,敢于涉险滩,坚决破除各方面体制机制弊端,提出一系列关于全面深化改革的新理念新思想新战略。

根据改革进入攻坚区和深水区的实际,习近平总书记强调要"加强顶层设计、整体谋划""增强改革的系统性、整体性、协同性",明确提出全面深化改革的总目标、战略重点、优先顺序、主攻方向、工作机制、推进方式和时间表、路线图。习近平总书记着眼破除影响和制约生产力发展的体制机制障碍，提出"使市场在资源配置中起决定性作用和更好发挥政府作用""贯彻新发展理念，构建新发展格局，推动高质量发展"；着眼突破关键核心技术受制于人的瓶颈，强调"科技是第一生产力、人才是第一资源、创新是第一动力"，健全新型举国体制，推进关键核心技术攻关和自主创新；着眼打破利益固化的藩篱、促进社会公平正义，提出要"加紧建设对保障社会公平正义具有重大作用的制度，逐步建立社会公平保障体系"，畅通社会向上流动通道、激发全社会创新创造活力，保证人民平等参与、平等发展权利；着眼推进高水平对外开放，强调要顺应经济全球化，依托我国超大规模市场优势，实行更加积极主动的开放战略，稳步扩大规则、规制、管理、标准等制度型开放。

这些重要思想，成为新时代全方位、深层次、根本性改革的行动指南，推动改革全面发力、多点突破、蹄疾步稳、纵深推进，各领域基础性制度框架基本确立，许多领域实现历史性变革、系统性重塑、整体性重构。

（五）治乱象。世界充满矛盾，人类社会就是在矛盾运动中发展进步的。存在的问题越多，矛盾运动越激烈，呼唤新思想的需求就越强烈，催生新理论的动力就越强劲。党的十八大以来，面对一系列长期积累及新出现的突出矛盾和问题，以习近平同志为核心的党中央，坚持问题导向，以巨大的政治勇气、强烈的历史担当、有力的政策举措，强力整治各种乱象。对人民群众反映强烈的突出问题，猛药去疴、重典治乱；对反复出现、久治难愈的问题，标本兼治、综合施策；对隐形变异、反弹回潮的老问题，紧盯不放，露头就打，形成了一系列整治乱象的理念、思路和办法。

针对一些地方和部门形式主义、官僚主义、享乐主义和奢靡之风屡禁不止，党中央从制定和落实中央八项规定破题，持之以恒纠治"四风"。针对一些地方和部门选人用人风气不正，习近平总书记鲜明提出新时代好干部标准，强化党组织领导和把关作用。针对有法不依、执法不严、司法不公、违法不究问题严重存在，习近平总书记提出要"努力让人民群众在每一项法律制度、每一个执法决定、每一宗司法案件中都感受到公平正义"，开展政法队伍教育整顿，严厉惩治执法司法腐败。针对一些领导干部面对错误思潮只想当绅士、不愿当斗士，马克思主义在一些学科中"失语"、教材中"失踪"、论坛上"失声"等突出问题，习近平总书记提出要"坚持马克思主义在意识形态领域指导地位的根本制度"，健全意识形态工作责任制，在全社会唱响主旋律、弘扬正能量。针对一些地方过度开发利用资源、过度透支环境承载力等突出问题，习近平总书记提出绿水青山就是金山银山的理念，强调要"坚持山水林田湖草沙一体化保护和系统治理"，坚持"走生产发展、生活富裕、生态良好的文明发展道路"，着力打赢污染防治攻坚战，打好蓝天、碧水、净土保卫战。

在这些重要思想指引下，我们党经过顽强努力，刹住了一些长期没有刹住的歪风，纠治了一些多年未除的顽瘴痼疾，党风政风和社会风气为之一新，各项事业蓬勃兴旺。

（六）防风险。马克思主义政党从事的事业是前无古人的开创性事业，在打破旧世界、建设新社会的历史进程中，注定会遇到各种可以预料和难以预料的风险挑战，注定会遭遇各种旧势力的围追堵截，居安思危、知危图安，在化危为机中破浪前行，是其与生俱来的优秀品格。中国共产党在内忧外患中诞生、在磨砺挫折中成长、在攻坚克难中壮大，历经百余年栉风沐雨，积累了应对各种风险挑战的丰富经验。党的十八大以来，习近平总书记深刻把握波谲云诡的国际形势、复杂敏感的周边环境、艰巨繁重的改革发展稳定任务带来的风险挑战，围绕防范化解重大风险、应对突发事件发表了一系列重要论述。

根据我国国家安全和社会安全面临的风险挑战日益增多，我国国家安全内涵和外延比历史上任何时候都要丰富，时空领域比历史上任何时候都要宽广，内外因素比历史上任何时候都要复杂的客观现实，习近平总书记提出总体国家安全观，突出国家安全的整体性、全域性、系统性，强化"大安全"理念，深刻揭示了国家安全的时代特征和内在规律。习近平总书记着眼从源头上防范化解重大安全风险，把问题解决在萌芽之时、成灾之前，强调要运用制度威力、制度优势应对风险挑战冲击，完善集中统一、高效权威的国家安全领导体制，构建系统完备、科学规范、运行有效的国家安全制度体系，找到了风险防范化解的治本之策。习近平总书记强调要"统筹发展和安全""实现高质量发展和高水平安全的良性互动""以新安全格局保障新发展格局"；强调各级领导干部要增强防范化解风险本领，既要有草摇叶响知鹿过、松风一起知虎来、一叶易色而知天下秋的风险洞察力，又要有见事早、行动快的风险处置力，既要敢于斗争，又要善于斗争，依靠顽强斗争打开事业发展新天地。

这些重要论述，指引我们有效破解国家安全面临的各种难题，经受住了来自政治、经济、意识形态、自然界等方面的风险挑战考验，续写了经济快速发展和社会长期稳定两大奇迹新篇章。

（七）谋大同。彻底解放全人类，建设每个人的自由发展是一切人的自由发展的条件的美好社会，最终实现共产主义，是马克思主义政党的崇高理想。马克思主义政党自登上历史舞台之日起，就顺应世界历史潮流，高举国际主义大旗，把自身的历史使命和世界各国人民的前途命运紧紧联系在一起，矢志不渝为推动人类发展进步而斗争。中国共产党既为中国人民谋幸福、为中华民族谋复兴，也为人类谋进步、为世界谋大同。党的十八大以来，以习近平同志为核心的党中央，始终以世界眼光关注人类前途命运，从人类发展大潮流、世界变化大格局、中国发展大历史，正确认识和处理同外部世界关系，提出一系列具有战略前瞻性和强大号召力的中国理念、中国主张、中国方案。

围绕回答建设一个什么样的世界、如何建设这个世界等重大课题，习近平总书记提出推动构建人类命运共同体，建设一个持久和平、普遍安全、共同繁荣、开放包容、清洁美丽的世界，反映了人类社会共同价值追求，符合中国人民和世界人民的根本利益，找到了不同社会制度、不同意识形态、不同历史文化、不同发展水平的国家共建美好世界的最大公约数。为破解全球发展难题、应对国际安全挑战、促进文明互学互鉴，习近平总书记提出全球发展倡议、全球安全倡议、全球文明倡议，为促进共同发展、维护和平稳定、推动文明进步增添了更多正能量；还提出全球治理观、国际秩序观、正确义利观、新安全观、新发展观、合作观、人权观、生态观、文明观等重要理念，提出推动构建新型国际关系、推动共建"一带一路"高质量发展等一系列主张。

这些重要思想，不仅为当代中国坚定站在历史正确的一边，站在人类文明进步的一边，始终做世界和平的建设者、全球发展的贡献者、国际秩序的维护者提供了根本遵循，而且为处在何去何从十字路口的世界提供了方向指引。

（八）强肌体。及时祛除影响党的肌体健康的各种消极因素，不断增强自身免疫力，是马克思主义政党始终保持蓬勃生机活力的独特优势。中国共产党始终坚持真理、修正错误，在解决自身问题中不断走向成熟，锻造了强身健体的强大能力，确保我们党历经沧桑而初心不改、饱经风霜而本色依旧。党的十八大以来，以习近平同志为核心的党中央，根据形势任务发展对党的领导、党的建设提出的新要求，紧紧围绕回答建设什么样的长期执政的马克思主义政党、怎样建设长期执政的马克思主义政党的重大时代课题，突出全面从严治党这个主题主线，以刀刃向内、刮骨疗毒、去腐生肌的自我革命精神，及时解决党内存在的突出矛盾和问题，提出一系列管党治党、兴党强党的新理念新思想新战略，形成习近平总书记关于党的建设的重要思想，为丰富和发展马克思主义建党学说作出了重大原创性贡献。

针对一个时期党的领导弱化、党的建设缺失、管党治党不力、一些贪腐问题触目惊心等突出问题，习近平总书记强调党面临的"四大考验""四种危险"将长期存在，指出要时刻保持解决大党独有难题的清醒和坚定，要求健全全面从严治党体系。习近平总书记强调"全面从严治党，核心是加强党的领导，基础在全面，关键在严，要害在治"；提出新时代党的建设总要求，明确新时代党的建设方针、主线、着力点、总体布局和目标；提出自我革命是党"跳出治乱兴衰历史周期率的第二个答案"，必须增强党自我净化、自我完善、自我革新、自我提高的能力。习近平总书记还就以党的政治建设为统领，扎实做好理论武装、选贤任能、强基固本、育才聚才各项工作提出许多新的重要论断和要求。

在这些重要思想指导下，党的领导全面加强，党的政治领导力、思想引领力、群众组织力、社会号召力显著提升，管党治党宽松软状况得到根本扭转，党在革命性锻造中更加坚强有力，为党和国家事业取得历史性成就、发生历史性变革提供了坚强政治保证。

（《人民日报》2023 年 7 月 4 日第 9 版）

做党的创新理论的坚定信仰者和忠实实践者

孙　达

　　深入开展学习贯彻习近平新时代中国特色社会主义思想主题教育，要牢牢把握"学思想、强党性、重实践、建新功"的总要求，在以学铸魂、以学增智、以学正风、以学促干上下功夫，更加深刻感悟习近平新时代中国特色社会主义思想的真理力量和实践伟力，更加坚定以中国式现代化全面推进中华民族伟大复兴的信心和决心。我们要做党的创新理论的坚定信仰者和忠实实践者，把习近平新时代中国特色社会主义思想转化为坚定理想、锤炼党性和指导实践、推动工作的强大力量，推动新时代慈善事业高质量发展，为促进全体人民共同富裕、推进中国式现代化作出应有贡献。

在深刻把握重大意义中增强学习贯彻的政治自觉、思想自觉、行动自觉

我们党高度重视理论武装，每次党内集中教育都坚持把理论学习作为首要任务并贯穿始终。这次主题教育强调"学思想"，就是要求在学习贯彻习近平新时代中国特色社会主义思想走深走实上下功夫。习近平新时代中国特色社会主义思想，在新时代伟大实践中创立，随新时代伟大变革而发展，为全党统一思想、统一意志、统一行动，为新时代党和国家事业发展提供了根本遵循和行动指南。我们要深刻把握这一重要思想的重大时代意义、理论意义、实践意义、世界意义，切实增强学习贯彻的政治自觉、思想自觉、行动自觉。

解决重大时代课题的科学指引。时代是思想之母，实践是理论之源。习近平新时代中国特色社会主义思想，准确把握新时代我国发展的历史方位，深刻分析我国由大向强发展的时与势，科学回答新时代坚持和发展什么样的中国特色社会主义、怎样坚持和发展中国特色社会主义，建设什么样的社会主义现代化强国、怎样建设社会主义现代化强国，建设什么样的长期执政的马克思主义政党、怎样建设长期执政的马克思主义政党等重大时代课题。这一重要思想立足时代之基，把握时代脉搏，回答时代课题，将我们党对共产党执政规律、社会主义建设规律、人类社会发展规律的认识提升到一个新高度。

深入推进"两个结合"的光辉典范。习近平总书记提出"坚持把马克思主义基本原理同中国具体实际相结合、同中华优秀传统文化相结合"，深刻揭示了马克思主义在中国创新发展的根本途径和内在规

律。习近平新时代中国特色社会主义思想是坚持"两个结合"、勇于推进理论创新的光辉典范。这一重要思想统筹中华民族伟大复兴战略全局和世界百年未有之大变局，坚持用马克思主义之"矢"去射新时代中国之"的"，是新时代中国特色社会主义伟大实践的理论结晶和升华。这一重要思想植根中华文化沃土，把马克思主义思想精髓同中华优秀传统文化精华贯通起来、同人民群众日用而不觉的共同价值融通起来，具有强大历史穿透力、文化感染力、精神感召力。

实现中华民族伟大复兴的行动指南。习近平总书记指出："今天，我们比历史上任何时期都更接近、更有信心和能力实现中华民族伟大复兴的目标，同时必须准备付出更为艰巨、更为艰苦的努力"，深入分析了新时代实现中国梦的形势任务；强调实现伟大梦想，"必须进行伟大斗争""必须建设伟大工程""必须推进伟大事业"，深刻阐明了新时代实现中国梦必须统揽"四个伟大"；在我国全面建成小康社会的基础上，作出全面建成社会主义现代化强国的战略安排，科学擘画了实现中国梦的宏伟蓝图。今天，实现中华民族伟大复兴进入了不可逆转的历史进程，充分彰显了习近平新时代中国特色社会主义思想的真理力量和实践伟力。

引领百年变局正确方向的思想武器。当前，世界百年未有之大变局加速演进，人类社会进入新的动荡变革期。习近平总书记深刻把握中国和世界关系的历史性变化，站在人类整体利益的高度，深刻回答了"世界向何处去、人类怎么办"的时代之问，提出构建人类命运共同体、弘扬全人类共同价值、共建"一带一路"倡议、全球发展倡议、全球安全倡议、全球文明倡议等一系列新理念新主张新倡议。在人类社会何去何从的十字路口，习近平新时代中国特色社会主义思想有力引领百年变局正确方向，为解决世界经济、国际安全、全球治理等问题提供了新的方案。

始终保持共产党人的政治本色

决定一个人品质如何的是德行，决定一名党员品质如何的是党性。强党性，是主题教育总要求的重要方面。习近平新时代中国特色社会主义思想，不仅包含着党治国理政的重要思想，也贯穿着中国共产党人政治品格、价值追求、精神境界、作风操守的要求。我们要深刻认识加强党性修养的重要意义，自觉用习近平新时代中国特色社会主义思想改造主观世界，不断增强党性观念、强化党性意识、提高党性修养，始终保持共产党人的政治本色。

保持马克思主义政党先进性和纯洁性的必然要求。党性是一个政党固有的本质特征，鲜明体现一个政党的理想信念与政治追求。党员干部只有不断加强党性修养，才能使我们党始终保持先进性和纯洁性。党员干部的党性不可能随着党龄的增加而自然增强，也不可能随着职务的升迁而自然增强，而要在严格的党性锤炼中不断充实提高，需要一辈子学习进步，一辈子改造提升。只有深入学习贯彻习近平新时代中国特色社会主义思想，不断在思想淬炼、政治历练、实践锻炼、专业训练中锤炼党性，才能把对党忠诚刻在心间，在关键时刻冲在前、干在前，让党信得过、能放心。

加强党的建设的优良传统和宝贵经验。我们党对党性问题一直有着清醒认识，把党性教育作为加强党的建设的重要方面来抓。毛泽东同志指出，党性问题是一个重要问题。1941 年，中共中央政治局通过的《关于增强党性的决定》提出："今天巩固党的主要工作是要求全党党员，尤其是干部党员，更加增强自己党性的锻炼，把个人利益服从于全党的利益，把个别党的组成部分的利益服从于全党的利益，使全党能够团结得像一个人一样。"邓小平同志指出："所有共产党员都要增强党性""每个干部都要把党性放在第一位"。进入新时代，习近平总书记指出："党性是党员干部立身、立业、立言、立德的基石"，以习近平同志为核心的党中央在推进全面从严治党中不断加强对党员的党性教育。重视党性锤炼，是我们党始终保持团结统一、始终走在时代前列的密码。

新征程上进行伟大斗争的客观需要。前进道路上，我们会遇到各种可以预料和难以预料的风险挑战，要经受许多风高浪急甚至惊涛骇浪的重大考验。唯有始终保持锐意进取、敢为人先、迎难而上的奋进姿态，积极担当作为、敢于善于斗争，才能顺利推进党和国家事业发展。党性如何，决定党员干部思想境界的高低、精神状态的好坏，决定一个党是否具有强大凝聚力战斗力。世情国情越复杂、风险考验越大，党员干部越要加强党性修养。只有深入学习贯彻习近平新时代中国特色社会主义思想，锤炼坚强党性，方能在大是大非面前立场坚定，在风浪考验面前无所畏惧，保持迎难而上、担当有为的精气神，在具有许多新的历史特点的伟大斗争中取得新胜利。

推动新时代慈善事业高质量发展

学习的目的全在于运用。我们要从习近平新时代中国特色社会主义思想中汲取奋发进取的智慧和力量，改造客观世界、推动事业发展，努力创造经得起历史和人民检验的实绩。习近平总书记强调："守望相助、扶危济困是中华民族的传统美德""支持志愿服务、慈善事业健康发展"。慈善事业是我国社会多层次社会保障体系的重要组成部分，是社会救助制度和兜底保障制度的有益补充，是实现社会第三次分配的关键要素。党的十八大以来，我国慈善事业取得长足进步，在打赢脱贫攻坚战、全面建成小康社会、推进社会治理现代化等方面发挥了积极作用。新时代新征程，要推动慈善事业高质量发展，为推进中国式现代化作出应有贡献。

围绕中心工作，找准服务大局的切入点。党的十九届四中全会《决定》提出"重视发挥第三次分配作用，发展慈善等社会公益事业"。"十四五"规划纲要提出"发挥慈善等第三次分配作用""优化社会救助和慈善制度"并作出具体部署。要深入学习贯彻习近平总书记重要讲话精神和党中央决策部署，胸怀"国之大者"，把慈善工作置于党和国家事业发展全局中来谋划、来推动，放到推进国家治理现代化、促进共同富裕等重大战略部署中来把握。

结合工作实际，找准激发慈善活力的发力点。壮大慈善主体力量、完善慈善激励机制、优化慈善资源配置、强化慈善支撑保障，进一步挖掘慈善潜力、激发慈善活力。坚持依法治善、依法促善、依法行善，运用法治思维和法治方式解决慈善事业发展面临的深层次问题。善于利用互联网、大数据、人工智能等新技术促进慈善公益事业现代化。继承发扬中华优秀传统慈善文化的精神内涵，进一步强化精神鼓励、发展慈善文化。

坚持慈善为民，找准践行为民宗旨的落脚点。时刻把人民群众的安危冷暖放在心上，把人民群众是否满意作为评判工作成效的最高标准，更好满足困难群众多样化、多层次的需求，用心用情用力做好困难群体救助工作。更好整合和调动社会慈善资源积极参与民生保障、助力经济发展、促进共同富裕，让人民群众有更多更实在的获得感、幸福感、安全感，彰显新时代慈善以人民为中心的价值追求、扶弱济困的使命情怀。

（《人民日报》2023 年 8 月 29 日第 9 版）

继续推进党的理论创新

陈　理

开辟马克思主义中国化时代化新境界的重大任务，是当代中国共产党人的庄严历史责任。习近平总书记在主持中共中央政治局第六次集体学习时发表的重要讲话，深刻阐述了继续推进党的理论创新的一系列重大理论和实践问题，为不断深化对党的理论创新的规律性认识、在新时代新征程上取得更为丰硕的理论创新成果指明了前进方向、提供了根本遵循。

坚持好、运用好"两个结合""六个必须坚持"

思想就是力量。习近平总书记指出："一个民族要走在时代前列，就一刻不能没有理论思维，一刻不能没有正确思想指引。"1840 年鸦片战争以后，无数仁人志士救亡图存的尝试之所以都归于失败，很重要的一个原因是没有先进科学理论作指导，看不清楚中国问题的根源和实质，也找不到解决中国问题的出路和办法。十月革命一声炮响，给中国送来了马克思列宁主义。拥有马克思主义科学理论指导是我们党坚定信仰信念、把握历史主动的根本所在，让我们党能够领导人民完成中国其他政治力量不可能完成的艰巨任务。

习近平总书记指出："中国共产党为什么能，中国特色社会主义为什么好，归根到底是马克思主义行，是中国化时代化的马克思主义行。"这是我们党的百年奋斗得出的弥足珍贵的历史结论。中国共产党一百多年的历史，是一部不断推进理论创新、进行理论创造的历史，也是一部不断以党的创新理论引领党和人民事业发展的历史。一百多年来，我们党坚持把马克思主义基本原理同中国具体实际相结合、同中华优秀传统文化相结合，坚持运用辩证唯物主义和历史唯物主义，不断推进马克思主义中国化时代化，取得了毛泽东思想、邓小平理论、"三个代表"重要思想、科学发展观、习近平新时代中国特色社会主义思想等重大理论成果，使马克思主义在中国焕发出强大生命力，让我们党拥有了认识世界、改造世界的强大思想武器。正是在科学理论指导下，我们党领导人民在革命、建设、改革各个历史时期取得重大成就，实现中华民族伟大复兴进入了不可逆转的历史进程。

实践没有止境，理论创新也没有止境。面对新征程上国内外形势的深刻复杂变化和中国式现代化实践提出的新要求，推进马克思主义中国化时代化的任务不是轻了，而是更重了。我们要坚持好、运用好"两个结合""六个必须坚持"，继续推进实践基础上的理论创新，为以中国式现代化全面推进中华民族伟大复兴提供科学指引。

坚守好魂和根

习近平总书记指出："马克思主义中国化时代化这个重大命题本身就决定，我们决不能抛弃马克思主义这个魂脉，决不能抛弃中华优秀传统文化这个根脉。"坚守好马克思主义这个魂脉和中华优秀传统文化这个根脉，是继续推进党的理论创新的基础和前提。理论创新必须讲新话，但不能丢了老祖宗，要坚持守正创新。守正，就要坚持马克思主义这个立党立国、兴党兴国之本不动摇，坚守中华优秀传统文化根脉不中断；创新，就要坚持用马克思主义之"矢"去射新时代中国之"的"，继续推进"两个结合"，既不断赋予马克思主义新的生机活力，又让中华优秀传统文化与时俱进、推陈出新。

马克思主义扎根中国，是历史和人民的选择，也是文化和文明的选择。中华优秀传统文化同科学社会主义价值观主张具有高度契合性，使原本诞生于欧洲的马克思主义在万里之外的中华大地生根开花并结出丰硕成果。要进一步找准结合的契合点，将马克思主义思想精髓同中华优秀传统文化精华贯通起来，使之聚变为我们党理论创新的巨大优势。要坚持植根本国、本民族历史文化沃土发展马克思主义，将中华民族的伟大精神和丰富智慧注入马克思主义，使马克思主义呈现出更加鲜明的中国特色、中国风格、中国气派。要坚持以马克思主义为指导对中华优秀传统文化宝库进行全面挖掘和阐发，用马克思主义激活中华优秀传统文化中富有生命力的优秀因子并赋予新的时代内涵，推动中华优秀传统文化创造性转化、创新性发展。

马克思、恩格斯在建立自己理论体系的过程中大量吸收借鉴了前人创造的成果，尤其是批判继承了德国古典哲学、英国古典政治经济学、法国空想社会主义。新时代新征程上，我们要拓宽理论视野，以海纳百川的开放胸襟学习和借鉴人类社会一切优秀文明成果，兼容并蓄、博采众长，在"人类知识的总和"中汲取优秀思想文化资源来创新和发展党的理论。

及时科学解答时代新课题

时代是思想之母，实践是理论之源。马克思、恩格斯指出："一切划时代的体系的真正的内容都是由于产生这些体系的那个时期的需要而形成起来的。"习近平新时代中国特色社会主义思想正是在深入回答关系党和国家事业发展、党治国理政的一系列重大时代课题中，在有效解决一系列亟待解决的长期积累及新出现的突出矛盾和问题中，在科学应对来自政治、经济、意识形态、自然界等方面的风险挑战考验中创立并不断丰富发展的。新时代十年，在理论与实践的良性互动中，习近平新时代中国特色社会主义思想充分展现了强大的真理力量和实践伟力。

当前，世界百年未有之大变局加速演进，世界之变、时代之变、历史之变正以前所未有的方式展开，人类社会面临许多亟待解决的共同问题。我国正处在实现中华民族伟大复兴的关键时期，发展面临新的战略机遇、新的战略任务、新的战略阶段、新的战略要求、新的战略环境，需要应对的风险和挑战、需要解决的矛盾和问题比以往更加错综复杂。中国之问、世界之问、人民之问、时代之问给我们提出的新考题比过去更复杂、更难，迫切需要我们从理论与实践的结合上提交答案。我们要结合新的实践不断推进党的理论创新，用发展着的理论指导发展着的实践。

习近平总书记指出："用以观察时代、把握时代、引领时代的理论，必须反映时代的声音，绝不能脱离所在时代的实践，必须不断总结实践经验，将其凝结成时代的思想精华。"继续推进党的理论创新，必须聚焦时代新课题。要牢固树立大历史观，以更宽广的视野、更长远的眼光把握世界历史的发展脉络和正确走向，认清我国社会发展、人类社会发展的大逻辑大趋势，深入研究党和人民事业发展中事关长远、事关全局、事关根本的重大战略课题，尤其是聚焦推进中国式现代化、推动高质量发展、构建新发展格局、推进党的自我革命等重大问题，全面系统地提出解决现实问题的科学理念、有效对策。

推进理论的体系化、学理化

习近平总书记指出："推进理论的体系化、学理化，是理论创新的内在要求和重要途径。"马克思主义之所以能够发挥巨大的理论威力，不仅在于其思想博大精深，还在于其以深刻的学理讲清楚了人类社会发展的普遍规律、以完备的体系全方位展示其理论的严谨周密，实现了理论逻辑、历史逻辑、实践逻辑的有机统一。

习近平新时代中国特色社会主义思想贯通马克思主义哲学、马克思主义政治经济学、科学社会主义，贯通历史、现在、未来，贯通改革发展稳定、内政外交国防、治党治国治军等各领域，是一个逻辑严密、内涵丰富、系统全面、博大精深的科学体系。习近平新时代中国特色社会主义思想的发展是一个不断丰富拓展并不断体系化、学理化的过程。党的十八大以来，我们党对这一科学理论进行体系化、学理化的工作不断向前推进，把习近平新时代中国特色社会主义思想的主要内容概括为"十个明确""十四个坚持""十三个方面成就"，用"六个必须坚持"概括阐述其世界观、方法论和贯穿其中的立场观点方法。

进一步加强对习近平新时代中国特色社会主义思想的研究阐释工作，要持续在体系化、学理化上下功夫，研究深、阐释透这一重要思想的时代背景、核心要义、精神实质、实践要求和原创性贡献。要重点研究阐释其中的原理性理论成果，把握相互的内在联系，用富有中国特色的范畴、概念、话语、表述，讲清楚这一重要思想蕴含的道理学理哲理，推动党的创新理论进一步体系化、学理化，帮助广大干部群众深入领会和牢牢把握党的创新理论的科学体系，让党的创新理论"飞入寻常百姓家"。

注重从人民群众的创造中汲取理论创新智慧

习近平总书记指出："人民是历史的创造者，群众是真正的英雄。人民群众是我们力量的源泉"，强调"要注重从人民群众的创造中汲取理论创新智慧"。马克思主义唯物史观认为，人民作为历史的创造者，不仅是物质财富的创造者，也是精神财富的创造者。一百多年来，我们党取得的马克思主义中国化时代化成果，都是党和人民实践经验和集体智慧的结晶，都源自于人民的智慧、人民的探索、人民的创造。人民的创造性实践是马克思主义理论创新的不竭源泉，继续推进党的理论创新必须始终聚焦人民的实践创造。

马克思指出："理论一经掌握群众，也会变成物质力量。理论只要说服人，就能掌握群众；而理论只要彻底，就能说服人。"习近平总书记指出："为什么人、靠什么人的问题，是检验一个政党、一个政权性质的试金石。""必须坚持人民至上"在"六个必须坚持"中居于第一位，是我们党推进理论创新的根本政治立场和鲜明价值取向。党的十八大以来，我们深入贯彻以人民为中心的发展思想，在幼有所育、学有所教、劳有所得、病有所医、老有所养、住有所居、弱有所扶上持续用力，人民生活全方位改善。广大人民群众切身感受到党的创新理论是来自人民、为了人民、造福人民的理论，发自内心喜爱、认同、接受这一科学理论。这是党的创新理论能够展现出磅礴实践伟力的坚实基础。

坚持人民主体地位，坚持一切为了人民、一切依靠人民，从群众中来、到群众中去，始终是我们党立于不败之地的强大根基。继续推进党的理论创新，必须走好新时代党的群众路线。要站稳人民立场、把握人民愿望、尊重人民创造、集中人民智慧，注重从人民的创造性实践中总结新鲜经验，上升为理性认识，提炼出新的理论成果，着力让党的创新理论深入亿万人民心中，成为接地气、聚民智、顺民意、得民心的理论。

（《人民日报》2023 年 9 月 12 日第 9 版）

习近平新时代中国特色社会主义思想的理论创新与时代价值

杜飞进

习近平新时代中国特色社会主义思想是引领中国、影响世界的当代中国马克思主义、二十一世纪马克思主义，是新时代中国共产党的思想旗帜和精神旗帜。随着中华民族伟大复兴进入关键时期，我们越来越深刻地认识到，必须进一步深化对这一重要思想作为当代中国马克思主义、二十一世纪马克思主义的认识，进一步深入理解习近平新时代中国特色社会主义思想的理论创新与时代价值。作为马克思主义在当代中国、在二十一世纪的理论形态，习近平新时代中国特色社会主义思想推动马克思主义中国化时代化实现了重大发展，指引中国特色社会主义进入了新时代，从理论与实践的结合上科学回答了中国之问、世界之问、人民之问、时代之问。这一重要思想开辟了马克思主义科学性、人民性、实践性、开放性的新境界，闪烁着耀眼的真理光芒。

赋予科学的理论以全新内涵

马克思主义理论体系和知识体系博大精深，是整个人类精神的精华，其科学性的真谛就在于深刻揭示了自然界、人类社会、人类思维发展的普遍规律，为人类社会发展进步指明了方向。习近平新时代中国特色社会主义思想之所以是科学的理论，就在于这一重要思想紧密结合时代条件和实践要求，以全新视野深化了对共产党执政规律、社会主义建设规律、人类社会发展规律的认识，开辟了马克思主义科学性的新境界。

对共产党执政规律作出新的深刻揭示。中国共产党是世界上最大的政党，是在中国这样一个社会主义大国长期执政的执政党。如何让这样一个百年大党始终成为坚强的马克思主义执政党，本身就是世纪性的课题。习近平新时代中国特色社会主义思想明确中国特色社会主义最本质的特征是中国共产党领导，中国特色社会主义制度的最大优势是中国共产党领导；强调党要管党、全面从严治党，提出新时代党的建设总要求，突出政治建设的统领作用；强调中国式现代化是中国共产党领导的社会主义现代化，明确坚持党的全面领导是坚持和发展中国特色社会主义的必由之路；等等。这些重要论述体现了我们党对共产党执政规律认识的不断深化。基于对共产党执政规律的深刻把握，我们探索出一条长期执政条件下解决自身问题、跳出历史周期率的成功道路。

对社会主义建设规律作出新的深刻揭示。习近平总书记指出："中国特色社会主义是在不断总结经验、探索规律中开辟和前进的。"新时代对我们党提出的一个重大时代课题，就是从理论和实践的结合上系统回答新时代坚持和发展什么样的中国特色社会主义、怎样坚持和发展中国特色社会主义。习近平新时代中国特色社会主义思想强调中国特色社会主义是社会主义而不是其他什么主义，坚定了走中国特色社会主义道路的战略定力；提出统筹推进"五位一体"总体布局、协调推进"四个全面"战略布局，丰富了中国特色社会主义的内涵；系统描绘了中国特色社会主义制度图谱，强调不断把我国制度优势更好转化为国家治理效能；等等。这些重要论述，标志着我们党对社会主义建设规律的认识和把握达到新高度，为新时代中国特色社会主义建设事业提供了科学指南和根本遵循。

对人类社会发展规律作出新的深刻揭示。人类社会的发展进程，是不断认识把握历史规律，从必然王国向自由王国迈进的过程。当前，世界之变、时代之变、历史之变正以前所未有的方式展开，世界进入新的动荡变革期。面对"世界怎么了、我们怎么办"的时代之问，习近平新时代中国特色社会主义思想秉持正确的历史观、大局观、角色观，在回望历史中总结历史规律，在展望未来中把握前进趋势。提出推动构建人类命运共同体这一重大理念，指出"世界是各国人民的世界，世界面临的困难和挑战需要各国人民同舟共济、携手应对，和平发展、合作共赢才是人间正道"，强调"站在历史正确的一边，站在人类进步的一边"。这些重要论述，深化了我们党对人类社会发展规律的认识，为创造世界和平与发展的美好未来提供了中国智慧和中国方案。

彰显人民的理论的真挚情怀

马克思主义坚持实现人民解放、维护人民利益的立场，以实现人的自由而全面的发展和全人类解放为己任，第一次创立了人民实现自身解放的思想体系，因而具有跨越国度、跨越时代的影响力。人民性是习近平新时代中国特色社会主义思想鲜明的理论底色。

把一切为了人民作为价值旨归。习近平新时代中国特色社会主义思想是来自人民、为了人民、造福人民的理论，坚持人民至上是贯穿其中的一条红线。习近平总书记指出："人民对美好生活的向往，就是我们的奋斗目标""中国共产党人的初心和使命，就是为中国人民谋幸福，为中华民族谋复兴""以百姓心为心，与人民同呼吸、共命运、心连心，是党的初心，也是党的恒心"。无论是打赢脱贫攻坚战，解决人民最关心最直接最现实的利益问题，还是推进健康中国、平安中国、美丽中国建设，都充分彰显这一重要思想一切为了人民的根本立场，充分展现人民至上的价值取向。

以促进共同富裕回应民生期盼。共同富裕是中国特色社会主义的本质要求，也是人民群众的共同期盼。习近平新时代中国特色社会主义思想作出我国社会主要矛盾发生转化的重大政治论断，为解决我国发展不平衡不充分问题、逐步实现全体人民共同富裕奠定了理论基础；把脱贫攻坚作为"三大攻坚战"之一，推动困扰中华民族千百年的绝对贫困问题历史性地画上了句号。党的十九届五中全会在制定到2035年基本实现社会主义现代化远景目标时提出"全体人民共同富裕取得更为明显的实质性进展"，并在改善人民生活品质部分突出强调"扎实推动共同富裕"。习近平总书记深刻指出："现在，已经到了扎实推动共同富裕的历史阶段。"这充分表明我们党把促进全体人民共同富裕摆在更加突出的位置上。作为人口规模巨大的国家，中国实现共同富裕的宏伟目标将逐渐变成现实。

为人类自由解放作出中国贡献。习近平总书记指出："马克思主义博大精深，归根到底就是一句话，为人类求解放。"秉持这样的共产主义理想信念和天下情怀，习近平总书记提出构建人类命运共同体，强调"我们要实现的中国梦，不仅造福中国人民，而且造福各国人民"。发起共建"一带一路"倡议，提出全球治理观、新安全观、新发展观、正确义利观等一系列占据国际道义制高点的全新理念；强调"中国开放的大门只会越开越大"，推出一系列让更多国家搭乘中国发展快车的积极举措；提出并推动践行全球发展倡议、全球安全倡议、全球文明倡议，为促进共同发展繁荣作出中国贡献，也为探求人类自由解放道路作出中国探索。

展现实践的理论的巨大威力

马克思主义具有鲜明的实践品格，不仅致力于科学"解释世界"，而且致力于积极"改变世界"，指引着人民改造世界的行动。实践的观点是马克思主义认识论的基本观点，实践性是马克思主义理论区别于其他理论的显著特征，也是习近平新时代中国特色社会主义思想的鲜明品格。习近平总书记指出："一种理论的产生，源泉只能是丰富生动的现实生活，动力只能是解决社会矛盾和问题的现实要求。"在与实践的良性互动中，习近平新时代中国特色社会主义思想为新时代中国正在进行的伟大实践提供了科学指引。

以解决社会矛盾和问题为理论出发点。习近平新时代中国特色社会主义思想是在扎根现实土壤、回应实践需求、回答时代课题中萌发、形成和不断发展的。习近平总书记作出的重大判断和重大结论，都是基于对社会矛盾和问题的科学分析。比如，针对我国发展不平衡不充分，不能完全满足人民日益增长的美好生活需要的问题，作出我国社会主要矛盾发生变化的科学判断，明确了今后一个时期全党工作的战略重点和主攻方向；基于对我国经济发展"三期叠加"的分析，作出经济发展进入新常态的判断，提出贯彻新发展理念、推动经济高质量发展、建设现代化经济体系、推进供给侧结构性改革等一系列重要思想，为我国经济长期稳定发展提供了根本遵循；针对我国意识形态领域一度出现的被动局面，提出加强党对意识形态工作的领导等重要思想，使我国意识形态领域形势发生了全局性、根本性转变。这样的问题导向，充分彰显了习近平新时代中国特色社会主义思想直面问题的政治勇气、理论魅力和唯实务实的思想品格。

在实践中发挥巨大引领作用。习近平新时代中国特色社会主义思想的实践性特征，突出体现为其巨大的现实解释力和实践引领力。党的十八大以来，正是在这一重要思想指引下，党和国家事业取得历史性成就、发生历史性变革，解决了许多长期想解决而没有解决的难题，办成了许多过去想办而没有办成的大事，把新时代中国特色社会主义更加有力地推向前进。过去十年，我们经受住了来自政治、经济、意识形态、自然界等方面的风险挑战考验，完成了脱贫攻坚、全面建成小康社会的历史任务，实现了第一个百年奋斗目标，我国经济实力、科技实力、综合国力跃上新的大台阶，人民群众获得感、幸福感、安全感显著增强，中国共产党领导和我国社会主义制度优势进一步彰显，推动我国迈上全面建设社会主义现代化国家新征程，中华民族伟大复兴向前迈出了新的一大步。

在与实践的良性互动中不断丰富发展。习近平新时代中国特色社会主义思想坚持把人民的创造性实践作为理论创新的不竭源泉，始终在实践中吸收养分，不断进行理论创新创造。比如，习近平总书记从中国特色社会主义发展和当代中国发展进步的全局出发，进一步深化对我国国家制度和国家治理体系建设的规律性认识，把制度建设摆到更加突出的位置、进行系统总结并提出发展方向和工作要求；面对开启全面建设社会主义现代化国家新征程的要求，提出我国进入新发展阶段的重大判断；面对世界百年未有之大变局进入加速演变期、经济全球化遭遇逆流的国际形势，提出构建以国内大循环为主体、国内国际双循环相互促进的新发展格局的重大战略思想；等等。实践是多彩的，基于实践的理论之树常青。习近平新时代中国特色社会主义思想必将在与实践的良性互动中展现出更加强大的实践威力。

凸显不断发展的开放的理论的鲜明品格

马克思主义是随着时代、实践、科学发展而不断发展的开放的理论体系，它并没有结束真理，而是开辟了通向真理的道路。习近平新时代中国特色社会主义思想的开放性不仅体现在对人类创造的一切文明成果的学习借鉴上，更在于始终坚持把马克思主义基本原理同中国具体实际、同中华优秀传统文化相结合，坚持继承与发展、守正与创新相统一，不断开辟马克思主义中国化时代化新境界。

坚持与时俱进的理论品格。党的十八大以来，习近平总书记运用"两个结合""六个必须坚持"等科学方法，结合新的时代条件和实践要求提出一系列新理念新思想新战略，为发展马克思主义哲学、政治经济学、科学社会主义作出原创性贡献。比如，在马克思主义哲学方面，准确把握矛盾运动的对立统一规律，强调发扬斗争精神、增强斗争本领，体现以自觉的斗争实践打开新天地、夺取新胜利的哲学思辨；在马克思主义政治经济学方面，运用马克思主义政治经济学基本原理和方法论认识经济运动过程，提出新发展阶段、新发展理念、新发展格局、高质量发展等概念范畴，开辟了当代中国马克思主义政治经济学发展的新境界；在科学社会主义方面，运用科学社会主义基本原则和马克思主义国家理论，探讨中国特色社会主义制度和国家治理现代化的关系，实现了马克思主义国家制度理论的创新发展；等等。随着时代条件的不断发展变化，习近平新时代中国特色社会主义思想还将为发展马克思主义作出更多原创性贡献。

吸收人类一切优秀文明成果。不拒众流，方为江海。习近平新时代中国特色社会主义思想坚持用宽广的视野、开放的胸怀吸收人类创造的一切优秀文明成果，从不同文明中寻求智慧、汲取营养。习近平总书记高度重视把马克思主义基本原理同中华优秀传统文化相结合，同时高度重视不同文明包容共存、交流互鉴，强调"文明因多样而交流，因交流而互鉴，因互鉴而发展""要更加积极主动地学习借鉴人类创造的一切优秀文明成果"。习近平新时代中国特色社会主义思想必将引领中国以更加开放的姿态拥抱世界，以更有活力的中华民族现代文明贡献世界。

始终站在时代发展前沿。马克思主义开放性的一个重要体现，就在于始终立于时代潮头，为回答前沿问题贡献理论智慧。习近平新时代中国特色社会主义思想始终站在时代发展前沿，不断探索时代提出的崭新课题，回应全人类共同面临的挑战。比如，密切关注新一轮科技革命和产业变革的深远影响，聚焦量子科技、区块链等前沿科技领域，强调加快基础研究突破和关键核心技术攻关，引领新一轮科技革命和产业变革方向；密切关注信息技术导致舆论生态、媒体格局、传播方式发生的深刻变化，强调加快推动媒体融合发展，形成网上网下同心圆；站在引领时代潮流和人类文明进步的高度，倡导建设持久和平、普遍安全、共同繁荣、开放包容、清洁美丽的世界，为解决全球性问题贡献了中国智慧、中国方案。

（《人民日报》2023 年 9 月 19 日第 9 版）

深刻领悟党的创新理论的强大力量

双传学

思想统一是政治统一、行动统一的基础,是党的团结统一最深厚最持久最可靠的保证。习近平总书记在为第六批全国干部学习培训教材所作的序言中指出:"要巩固拓展主题教育成果,坚持不懈用新时代中国特色社会主义思想凝心铸魂,真正把马克思主义看家本领学到手""要善于从党的创新理论中汲取踔厉奋发、勇毅前行的精神动力"。理论强,才能方向明、人心齐、底气足。用习近平新时代中国特色社会主义思想武装头脑、指导实践、推动工作,是一项长期的重大政治任务。要巩固拓展学习贯彻习近平新时代中国特色社会主义思想主题教育成果,深刻领悟党的创新理论的强大力量,不断增进政治认同、思想认同、理论认同、情感认同。

感悟真理力量

科学理论是对客观事物的本质及其规律性的深刻认识，是经过严密逻辑论证和实践反复检验的真理。习近平总书记指出："在人类思想史上，就科学性、真理性、影响力、传播面而言，没有一种思想理论能达到马克思主义的高度，也没有一种学说能像马克思主义那样对世界产生了如此巨大的影响。"马克思主义深刻揭示了自然界、人类社会、人类思维发展的普遍规律，反映了人类对理想社会的美好憧憬，为人类社会发展进步指明了方向，为人民指明了实现自由和解放的道路，具有强大的真理力量。

推进马克思主义中国化时代化，是一个追求真理、揭示真理、笃行真理的过程。习近平新时代中国特色社会主义思想的创立，实现了马克思主义中国化时代化新的飞跃。习近平新时代中国特色社会主义思想是当代中国马克思主义、二十一世纪马克思主义，以其科学体系、核心要义、实践要求，以其科学的世界观、方法论和贯穿其中的立场观点方法，凸显科学理论的时代品格，彰显科学理论的真理魅力。这一重要思想深刻把握马克思主义创新发展的内在规律，坚持把马克思主义基本原理同中国具体实际相结合、同中华优秀传统文化相结合，坚持运用辩证唯物主义和历史唯物主义，正确回答时代和实践提出的重大问题，在新时代展现出强大真理力量。奋进新征程，进一步用党的创新理论将党员干部武装起来、凝聚起来，就要深刻领悟习近平新时代中国特色社会主义思想的真理力量，切实增强学习宣传贯彻的政治自觉、思想自觉和行动自觉，不断夯实推进和拓展中国式现代化的思想基础。

汲取信仰力量

拥有马克思主义科学理论指导是我们党坚定信仰信念的根本所在。信仰信念只有建立在把握社会历史发展规律的基础上，才能在头脑中牢牢扎根，经受住大风大浪的考验。马克思主义揭示了人类社会发展的客观规律，为人类描绘了一幅壮美瑰丽的未来蓝图，激励着人们抱着必胜信念信心为之不懈奋斗。中国共产党一经成立，就把马克思主义写在自己的旗帜上，树立了远大的理想和坚定的信仰。

坚定的理想信念，永远是激励我们奋勇向前、克难制胜的不竭力量源泉。习近平新时代中国特色社会主义思想，高扬理想信念的旗帜，深刻彰显对马克思主义的信仰、对社会主义和共产主义的信念，深刻彰显新时代中国共产党人的崇高追求和远大抱负。奋进新征程，要坚持不懈用习近平新时代中国特色社会主义思想凝心铸魂，将其转化为对马克思主义的坚定信仰，自觉做共产主义远大理想和中国特色社会主义共同理想的坚定信仰者和忠实实践者；转化为对中国特色社会主义的坚定信念，以志不改、道不变的决心走中国特色社会主义道路；转化为对实现中华民族伟大复兴中国梦的坚定信心，风雨无阻朝着既定目标奋勇前行。

凝聚人民力量

科学理论为人民所掌握，就能迸发出无坚不摧的强大力量。在人类思想史上，马克思主义第一次站在人民的立场探求人类自由解放的道路。马克思、恩格斯在《共产党宣言》中指出："过去的一切运动都是少数人的，或者为少数人谋利益的运动。无产阶级的运动是绝大多数人的，为绝大多数人谋利益的独立的运动。"历史和实践都充分表明，党的创新理论来自人民、为了人民、造福人民。在推进马克思主义中国化时代化的历史进程中，我们党始终坚持人民至上，站稳人民立场、把握人民愿望、尊重人民创造、集中人民智慧，形成为人民所喜爱、所认同、所拥有的理论，使之成为指导人民认识世界和改造世界的强大思想武器。

作为马克思主义中国化时代化的最新成果，"人民"二字在习近平新时代中国特色社会主义思想中具有基础性、根本性的地位和作用，人民至上是这一重要思想的理论基点、价值支点、实践原点。习近平新时代中国特色社会主义思想把一切为了人民作为执政兴国的根本价值取向，把一切依靠人民作为创造历史伟业的根本动力源泉，充分展现了"以百姓心为心"的真挚情怀和"依靠人民创造历史伟业"的博大境界。奋进新征程，要深刻领悟习近平新时代中国特色社会主义思想的人民立场，始终坚持人民至上，始终与人民风雨同舟、与人民心心相印，想人民之所想，行人民之所嘱，紧紧依靠人民推进历史伟业，不断把人民对美好生活的向往变为现实。

增强团结力量

科学理论是对事物发展规律的深刻揭示，是对社会发展趋势的精准把握，是对人民群众智慧的高度概括，是统一思想、统一意志、统一行动的有力武器，能够有效促进团结。马克思主义是我们立党立国、兴党兴国的根本指导思想，正是有了这一科学理论，中国人民才牢固树立起共同的理想信念，团结一致、共同奋斗。团结奋斗是一百多年来中国共产党人、中国人民、中华民族锤炼铸就的宝贵精神品质，是中国人民创造历史伟业的必由之路，是全面建成社会主义现代化强国的重要保证。习近平新时代中国特色社会主义思想是新时代中国共产党的思想旗帜和精神旗帜，指引我们党团结带领人民不懈奋斗。

团结奋斗离不开思想引领，统一思想才能团结一心、步调一致。新时代以来，全党全国各族人民紧密团结在以习近平同志为核心的党中央周围，以"比铁还硬，比钢还强"的团结之力，以"越是艰险越向前"的不懈奋斗，赢得彪炳史册的历史性胜利。实践充分证明，习近平新时代中国特色社会主义思想是团结奋斗的思想旗帜和精神旗帜。有了习近平新时代中国特色社会主义思想，全党全国各族人民思想上行动上就有了根本遵循，团结奋斗就有了思想根基和信心底气、就有了明确目标和行动指南。奋进新征程，要坚持不懈用习近平新时代中国特色社会主义思想引领团结奋斗的正确方向、激发团结奋斗的深层动力，让全党全国各族人民在党的旗帜下团结成"一块坚硬的钢铁"，心往一处想、劲往一处使，推动中华民族伟大复兴号巨轮乘风破浪、扬帆远航。

彰显实践力量

科学理论源于实践又引领实践，具有强大的实践力量。习近平总书记指出："实践的观点、生活的观点是马克思主义认识论的基本观点，实践性是马克思主义理论区别于其他理论的显著特征。"马克思主义不是书斋里的学问，而是为了改变人民历史命运而创立的，是在人民求解放的实践中形成的，也是在人民求解放的实践中丰富和发展的。百余年来，我们党坚持把马克思主义基本原理同中国具体实际相结合、同中华优秀传统文化相结合，在创造性地解决中国革命、建设和改革的一系列重大实践问题中不断开辟马克思主义中国化时代化新境界。新时代，习近平新时代中国特色社会主义思想指引党和国家事业取得历史性成就、发生历史性变革，彰显强大实践力量。

马克思指出："全部社会生活在本质上是实践的。"习近平新时代中国特色社会主义思想科学回答了中国之问、世界之问、人民之问、时代之问，是从新时代中国特色社会主义伟大实践中产生的理论结晶，是经过实践检验、富有实践伟力的强大思想武器。习近平新时代中国特色社会主义思想是在研究问题、解决问题中丰富发展的，是在推动实践、指导实践中成熟完善的，具有强烈的问题意识、鲜明的实践导向，具有强大的现实解释力和实践引领力。奋进新征程，要深刻感悟习近平新时代中国特色社会主义思想的实践力量，善于运用科学理论解决实际问题，深刻把握中国式现代化的中国特色、本质要求、重大原则和需要处理好的重大关系，牢牢锚定全面建成社会主义现代化强国的奋斗目标，以中国式现代化全面推进强国建设、民族复兴伟业。

（《人民日报》2024年4月2日第9版）

年轻干部要自觉做党的创新理论的笃信笃行者

朱培蕾

习近平总书记在 2024 年春季学期中央党校（国家行政学院）中青年干部培训班开班之际作出重要指示，明确要求年轻干部"要自觉做党的创新理论的笃信笃行者，坚持不懈用新时代中国特色社会主义思想凝心铸魂，不断筑牢信仰之基、补足精神之钙、把稳思想之舵，切实提升马克思主义理论水平和运用能力"，这充分体现了我们党始终重视思想建党、理论强党的鲜明导向，为引导年轻干部健康成长提供了行动指南和科学指引。

理论就是旗帜，理论就是方向。理论修养是领导干部综合素质的核心，理论上的成熟是政治上成熟的基础，政治上的坚定源于理论上的清醒。从一定意义上说，掌握党的创新理论的深度，决定着政治敏感的程度、思维视野的广度、思想境界的高度。准确把握党的创新理论的立场观点方法，更好领会其精髓要义，是我们赢得优势、赢得主动、赢得未来的看家本领；是把思想方法搞对头，以思想自觉引领行动自觉的前提所在。我们要紧密结合新征程新实践新要求，做好学习贯彻党的创新理论的深化、内化、转化工作，从党的创新理论学习中悟规律、明方向、学方法、增智慧，不断增强理论自信和行动自觉。

"不能胜寸心，安能胜苍穹。"学习党的创新理论，要深刻感悟其真理力量和独特思想魅力，增强对党的价值追求和前进方向的高度认同，做到以坚定理想信念宗旨为根本。对党员干部来说，思想上的滑坡是最严重的病变。对马克思主义的信仰，对社会主义和共产主义的信念，是共产党人的政治灵魂，是共产党人经受住任何考验的精神支柱。内心坚定、思想净化、志向高远，方能力量无穷。如果只把理想信念当口号，动摇了信仰、背离了党性、丢掉了宗旨，就会迷失方向，变成功利主义、实用主义，就会在风雨面前东摇西摆，就可能在"围猎"中被人捕获。坚持以党的创新理论凝心铸魂，把学习成果转化为不可撼动的理想信念，练就共产党人的钢筋铁骨，铸牢坚守信仰的铜墙铁壁，才能从信仰深处坚定确立起思想引领的行动自觉，用理想之光照亮奋斗之路，用信仰之力开创美好未来。

知之愈明，则行之愈笃。毛泽东说过："对于马克思主义的理论，要能够精通它、应用它，精通的目的全在于应用。"习近平总书记在《之江新语》中强调："要切实加强对马克思主义的学习，重视学习的针对性和指导性，善于用马克思主义的立场、观点、方法认识和解决遇到的问题。"科学思想方法是研究问题、解决问题的"总钥匙"，善于掌握和运用新时代党的创新理论中蕴含的科学思想方法，认识问题才站得高，分析问题才看得深，开展工作才能把得准。学深悟透新时代党的创新理论，最关键的就是要把这一重要思想的世界观、方法论和贯穿其中的立场观点方法，转化为自己的科学思想方法，用以改造客观世界、推动事业发展，用以观察时代、把握时代、引领时代，从而使自己的思维方式更加适应事业发展需要，使各项工作朝着正确方向、按照客观规律推进，使各项工作更好体现时代性、把握规律性、富于创造性。

笃信笃行党的创新理论，方能思想上坚信不疑、意志上坚韧不拔、行动上坚持不懈。年轻干部作为党和国家事业发展的生力军，是中国特色社会主义事业的接班人，更应自觉以党的创新理论武装头脑，常修常炼、常悟常进，在细照笃行中不断修炼自我，在学思践悟中主动担当作为。把对看家本领的学习领悟，转化为看待问题的宏阔视野、分析问题的辩证思维、思虑未来的长远眼光、解决问题的高超本领，笃信笃行党的创新理论研究新情况、解决新问题，不断提高运用科学理论指导应对重大挑战、抵御重大风险、克服重大阻力、解决重大矛盾的能力，为以中国式现代化全面推进强国建设、民族复兴伟业作出更大贡献。

（《学习时报》2024 年 3 月 13 日第 1 版）

观 点

自觉做党的创新理论的笃信笃行者

温　静

理论强，才能方向明、人心齐、底气足。习近平总书记在 2024 年春季学期中央党校（国家行政学院）中青年干部培训班开班之际作出重要指示强调："要自觉做党的创新理论的笃信笃行者"。年轻干部作为党和国家事业发展的生力军，只有具备深厚的理论素养，才能经受住各种考验，走得稳、走得远，才能肩负起党和国家赋予的重任，跑好历史的接力棒。

理论修养是干部综合素质的核心。对党的创新理论理解得越深入、掌握得越牢靠，就越能坚定理想信念，增强工作的主动性、创造性、预见性。理想信念的坚定，来自思想理论的坚定。中国共产党人的理想信念建立在对马克思主义的深刻理解之上，建立在对历史规律的深刻把握之上。年轻干部深入学习党的创新理论，能够深化对党的性质宗旨和初心使命的理性认识，增强对党的价值追求和前进方向的高度认同，从而坚定政治信仰、提升党性修养。当前，全面推进中国式现代化这项前无古人的伟大事业，也对年轻干部增强理论素养提出了新的更高要求。只有不断加强理论学习、夯实理论功底，才能更好从党的创新理论中悟规律、明方向、学方法、增智慧，克服本领恐慌、补齐本领短板，自觉用马克思主义理论观察新形势、研究新情况、解决新问题，使各项工作朝着正确方向、按照客观规律推进。

笃信笃行，信是行的前提，只有信仰坚定才能行动有力。自觉做党的创新理论的笃信笃行者，就要在全面系统学习中深刻体悟习近平新时代中国特色社会主义思想的真理力量和实践伟力，深刻领悟"两个确立"的决定性意义，不断增进对习近平新时代中国特色社会主义思想的政治认同、思想认同、理论认同、情感认同，做到虔诚而执着、至信而深厚。自觉用这一重要思想改造主观世界，真正学出坚定信念、学出绝对忠诚、学出使命担当。年轻干部在学习中要切实把自己摆进去，深学细悟、研机析理，叩问内心、触及灵魂，从中获得永葆政治本色的指路明灯，获得奋斗不止、精进不怠的动力源泉，使信仰之基更加牢固、精神之钙更加充足。

行之愈笃，则信之愈深。习近平新时代中国特色社会主义思想在新时代坚持和发展中国特色社会主义的伟大实践中创立和发展，体现出理论与实际相结合、认识论和方法论相统一的鲜明特色。学习党的创新理论的目的全在于运用，科学理论正是在指导实践、推动实践中才展现出独特魅力、强大力量。年轻干部要全面把握习近平新时代中国特色社会主义思想的实践要求，结合本地区、本部门改革发展实际创造性开展工作，在实践中求真知、悟真谛，在实践中补素质短板、强能力弱项。深入把握习近平新时代中国特色社会主义思想中的世界观和方法论，将其作为研究问题、解决问题的"总钥匙"，优化自身思想方法、工作方法，更好解决制约构建新发展格局和推动高质量发展的堵点卡点问题、发展环境和民生领域的痛点难点问题、有悖社会公平正义的焦点热点问题等，在动真碰硬中推动事业发展，在真抓实干中真正把马克思主义看家本领学到手。

（《人民日报》2024年4月17日第9版）

第二章

自觉做对党忠诚老实的模范践行者

要自觉做对党忠诚老实的模范践行者，旗帜鲜明讲政治，着力提高政治判断力、政治领悟力、政治执行力，严守党的政治纪律和政治规矩，说老实话、办老实事、做老实人，始终同党中央保持高度一致。

自觉做对党忠诚老实的模范践行者
—— "奋力跑好历史的接力棒"

何　娟

"从此，我的一切，直到我的生命都交给党去了。"这是方志敏同志入党之初写下的文字。在接下来的岁月里，他用实际行动诠释了对党的绝对忠诚：作为根据地的军政主要领导，"我们一切都该听中央指挥"；即便重病在身，毅然挥师北上抗日，"党要我做什么事，虽死不辞"；不幸被俘后，面对威逼利诱决不投降，直至英勇就义。

对党忠诚老实，是党章对党员义务的郑重规定，是党员、干部政治过硬的重要体现。牢记习近平总书记嘱托，"自觉做对党忠诚老实的模范践行者"，年轻干部从一开始就要在锤炼党性修养、砥砺政治能力上下功夫，筑牢对党忠诚的根基，做到始终以党的旗帜为旗帜、以党的意志为意志、以党的使命为使命，更好担负起党和人民赋予的时代重任。

真心听党话、铁心跟党走。忠诚必须体现到对党的信仰的忠诚上，体现到对党的组织的忠诚上，体现到对党的理论和路线方针政策的忠诚上。只有政治能力过硬，才能做到自觉在思想上政治上行动上同党中央保持高度一致，在任何时候任何情况下都能"不畏浮云遮望眼""乱云飞渡仍从容"。年轻干部重任在肩、大有可为，必须旗帜鲜明讲政治，对"国之大者"了然于胸，把爱党、忧党、兴党、护党落实到工作生活各个环节，始终沿着正确政治方向前进。

只有守牢关口、不逾底线，才称得上忠诚。检验党员干部是不是对党忠诚，在革命年代就要看能不能为党和人民事业冲锋陷阵、舍生忘死，在和平时期也有明确的检验标准，其中之一就是：能不能严守党的政治纪律和政治规矩。干部出问题，往往就是从不守纪律、破坏规矩开始的。自觉加强政治历练，把纪律规矩挺在前，心存敬畏、手握戒尺，才能在大是大非面前、在政治原则问题上做到头脑特别清醒、立场特别坚定。

忠诚是具体的、实践的，必须见诸行动。"说老实话、办老实事、做老实人"是中国共产党人的优良作风和宝贵精神财富。从"要老老实实地为党和人民当一辈子老黄牛"的铁人王进喜，到为偏远山区默默奉献一生的张富清，再到为国之重器奉献毕生心血的黄旭华，都把对党忠诚体现到了履职尽责、做好本职工作上。一代代忠诚老实的优秀党员前赴后继，党和人民的事业才不断向前。立志为党分忧、为国尽责、为民奉献，勇于担苦、担难、担重、担险，做出实实在在的业绩，才是敢担当善作为的好干部。

年轻干部是否优秀，标准有千万条，对党忠诚老实是第一条。始终葆有对党的事业的绝对忠诚、以身许党许国的使命担当，年轻干部必能在新时代新征程上堪大用、担重任，不辜负党和人民的期望和重托。

（《人民日报》2024年3月19日第4版）

全面加强党的纪律建设的强大思想武器

王希鹏

　　纪律严明是我们党的光荣传统和独特优势。在全党开展党纪学习教育，是加强党的纪律建设、推动全面从严治党向纵深发展的重要举措。习近平总书记高度重视这次党纪学习教育，多次就开展党纪学习教育发表重要讲话、作出重要指示，为开展党纪学习教育提供了重要遵循。高标准高质量开展党纪学习教育，要坚持以习近平新时代中国特色社会主义思想为指导，深入学习领会习近平总书记关于全面加强党的纪律建设的重要论述，坚持以更高站位、更严要求、更实作风推动党纪学习教育走深走实、入脑入心，自觉用党规党纪校正思想和行动，真正使学习党纪的过程成为增强纪律意识、提高党性修养的过程，以严明的纪律推动全面从严治党向纵深发展。

深刻认识习近平总书记关于全面加强党的纪律建设的重要论述的重大意义

从党的十八大提出"加强党的纪律建设"，到党的十九大将纪律建设纳入新时代党的建设总体布局，再到党的二十大提出"全面加强党的纪律建设"，以习近平同志为核心的党中央以前所未有的力度加强纪律建设、严格纪律执行，使加强纪律建设成为全面从严治党的治本之策。习近平总书记关于全面加强党的纪律建设的重要论述，科学回答了什么是纪律规矩、为什么要加强纪律建设、怎样加强纪律建设等重大问题，具有很强的政治性、思想性、指导性、针对性，为我们加强纪律建设、把纪律建设摆在更加突出位置提供了根本遵循。

彰显我们党不断推进理论创新的鲜明品格。党的十八大以来，习近平总书记坚持"两个结合"，不断深化对加强党的纪律建设的思考，提出了许多重大论断。习近平总书记关于全面加强党的纪律建设的重要论述，立足我们党百余年来波澜壮阔的奋斗历程，聚焦新时代全面从严治党的伟大实践，科学提炼、深刻总结了纪律建设的成功经验，具有系统性、原创性、前瞻性，是坚持把马克思主义基本原理同中国具体实际相结合的理论创新成果。重规矩、讲规矩是中华民族的优秀品格，"欲知方圆，则必规矩"等思想理念对中国人修身齐家治国平天下产生了重要而深远的影响。习近平总书记关于全面加强党的纪律建设的重要论述，坚持把马克思主义基本原理同中华优秀传统文化相结合，立足 5000 多年连绵不断的中华优秀传统文化，具有宏阔深远的历史纵深和坚实深厚的文化根基。

开辟了马克思主义政党纪律建设的新境界。新时代以来，以习近平同志为核心的党中央坚持以党章为根本遵循，全链条压紧压实管党治党政治责任，推动健全党规党纪制度体系，与时俱进深化党的纪律建设理论创新、制度创新和实践创新，实现管党治党"全面"和"从严"的有机统一，将我们党对马克思主义政党纪律建设规律的认识提升到新高度。习近平总书记关于全面加强党的纪律建设的重要论述坚持马克思主义建党学说的基本原理，深刻阐明纪律建设在维护党的团结统一、推进党的自我革命中的重大作用，推动党的纪律建设理论、制度和实践创新发展，彰显了中国共产党人坚定革命斗志、永葆政治本色的高度自觉和历史主动，形成了管党治党、兴党强党的宝贵经验。

为解决大党独有难题、推动全面从严治党向纵深发展提供有力武器。加强党的纪律建设具有辐射范围广、震慑威力大、带动效应强等优势，是我们党破解大党独有难题、推进全面从严治党的必然要求，是实现标本兼治、系统施治的有效路径。习近平总书记关于全面加强党的纪律建设的重要论述，科学指引我们党狠抓纪律建设，通过严格监督、严肃执纪、精准问责，把严的要求、严的措施落实到党的建设各领域各方面全过程，从根本上扭转了管党治党宽松软状况，找到了自我革命这一跳出治乱兴衰历史周期率的第二个答案，为解决大党独有难题、推动全面从严治党向纵深发展提供有力武器。

全面落实习近平总书记关于全面加强党的
纪律建设的重要论述的实践要求

习近平总书记关于全面加强党的纪律建设的重要论述，立意高远、内涵丰富、思想深刻，从历史和现实相贯通、管党治党和治国理政相关联、理论和实践相结合上，深刻阐明了党的纪律建设的地位作用、目标任务、根本保证等。我们要深入学习领会、全面贯彻落实。

坚持党中央集中统一领导。全面从严治党，核心是加强党的领导。习近平总书记关于全面加强党的纪律建设的重要论述，深刻揭示了坚持和加强党的全面领导是加强党的纪律建设的根本政治原则。坚持和加强党的全面领导，关系党和国家前途命运，我们的全部事业都建立在这个基础之上，都根植于这个最本质特征和最大优势。"两个确立"是党和人民应对一切不确定性的最大确定性、最大底气、最大保证，"两个维护"是党的最高政治原则和根本政治规矩。全面加强党的纪律建设最根本的要求是推动全党深刻领悟"两个确立"的决定性意义、坚决做到"两个维护"。党的十八大以来，我们党统一谋划、统一部署、统一推进，实现纪律建设全方位、全覆盖，一贯到底、持续发力，保证全党团结成"一块坚硬的钢铁"。

把政治纪律摆在首位。习近平总书记把严明政治纪律和政治规矩作为党的政治建设的重要内容，深刻阐述了政治纪律和政治规矩的科学内涵、重大意义和现实要求，作出"全党必须讲政治，把政治纪律摆在首位""政治纪律是最重要、最根本、最关键的纪律"等一系列重要论述。习近平总书记列举了无视政治纪律和政治规矩的"七个有之"问题，提出遵守政治纪律和政治规矩的"五个必须"，坚决反对"搞两面派、做两面人"等，给全党拧紧了严明政治纪律和政治规矩的发条。党的十八大以来，我们党通过严格落实政治纪律和政治规矩各项规定，党内政治生态发生了根本性变化，全党在政治立场、政治方向、政治原则、政治道路上自觉同以习近平同志为核心的党中央保持高度一致，政治判断力、政治领悟力、政治执行力显著提升。

加强纪律体系建设。习近平总书记高度重视纪律体系建设，将其纳入党的自我革命制度规范体系，推动纪律体系前后衔接、左右联动、上下配套、系统集成。高度重视党章在管党治党中的作用，指出"党章就是党的根本大法，是全党必须遵循的总规矩"，强调"建立健全党内制度体系，要以党章为根本依据；判断各级党组织和党员、干部的表现，要以党章为基本标准；解决党内矛盾，要以党章为根本规则"。党的十八大以来，我们党加强顶层设计和统筹谋划，全方位、立体式推进纪律的建章立制工作，充分释放纪律的治理效能，充分彰显纪律强大的政治引领保障功能。

强化纪律刚性执行。系统观念是马克思主义认识论和方法论的重要范畴。习近平总书记提出"党性党风党纪一起抓""党规制定、党纪教育、执纪监督全过程都要贯彻严的要求"等一系列重要要求，为实现纪律建设责任全链条、管理全周期、对象全覆盖指明了方向。习近平总书记指出："遵守党的纪律是无条件的，要说到做到，有纪必执，有违必查"，要求"各级党组织要敢抓敢管，使纪律真正成为带电的高压线"。党的十八大以来，我们党统筹兼顾、把握重点、整体推进党的纪律建设，构建常态化、长效化的正风肃纪反腐机制，推动形成完善制度、强化教育、从严执纪、养成自觉的完整链条。

推动纪法情理贯通融合。习近平总书记强调全面从严治党的目的是"要通过明方向、立规矩、正风气、强免疫，营造积极健康、干事创业的政治生态和良好环境"，提出"三个区分开来""建立激励机制和容错纠错机制"等一系列重大政策策略，推动完善干部担当作为激励和保护机制；强调坚持惩前毖后、治病救人，运用好监督执纪"四种形态"，抓早抓小，防微杜渐，从而使"四种形态"惩治震慑、惩戒挽救、教育警醒的功效得到充分发挥，实现由"惩治极少数"向"管住大多数"拓展。党的十八大以来，我们党坚持严的基调与实的要求相统一，准确把握政策策略，做到教育人、挽救人、改造人，形成全方位、多维度、立体式的干部关心关爱体系，让党员、干部充满激情地干事创业。

紧盯"关键少数"落实全面从严治党政治责任。加强纪律建设是各级党组织和党员领导干部的分内之事、应尽之责。习近平总书记既对广大党员提出普遍性要求，又对"关键少数"特别是高级干部提出更高更严的标准，这是加强党的纪律建设的科学方法论。习近平总书记强调"全面从严治党是各级党组织的职责所在"，深刻揭示了全面从严治党的关键所在，为加强党的纪律建设提供了强有力的抓手。党的十八大以来，我们党压实党委（党组）主体责任，扛牢纪委监委监督责任，推动各职能部门高效协同，督促党员领导干部严于律己、严负其责、严管所辖，努力使严教育、严管理、严监督、严制度、严责任成为完整闭环。

（《人民日报》2024 年 6 月 6 日第 9 版）

在实践中淬炼忠诚和信仰

刘光明

党的十八大以来，习近平总书记反复强调党员领导干部要信念坚定、对党忠诚。我们要在实践中坚定理想信念，做到对党忠诚，必须找准确立忠诚和信仰的内在机理，即政治忠诚和政治信仰在中国共产党人内心深处不可移易的奥秘和理由。确立、巩固忠诚和信仰，可遵循以下几个机理。

真理内化。真理具有无可辩驳的彻底性和说服力。共产党人要确立、巩固忠诚和信仰，就必须把马克思主义内化为世界观方法论，作为人生信仰和行动准则。这一过程，体现的就是真理内化的机理。实现真理内化，关键是让受教育者认识到道理之"真"，从而触发由"真"到"信"的升华。真理内化的机理具体有以下方式：灌输式内化，即把马克思主义的科学真理"从外面灌输进去"；析理式内化，即深入分析阐释真理"真"在哪里、"理"在何处，使真理的强大力量一览无余展示出来；启发式内化，即通过启发和诱导，让受教育者自己去主动思考，得出正确的结论；互动式内化，即以心贴心的温度实现"浇花浇根、育人育心"；解扣式内化，即"奔着现实问题和活思想去"，有什么问题就做什么教育；对比式内化，即通过对比把强烈的反差鲜明地印在共产党员的内心深处，达到不言而喻、不证自信的效果；案例式内化，即引入案例、讲好故事，把实践检验的真理力量印到脑海里；隐性式内化，即通过潜移默化的隐形教育，"实现入芝兰之室久而自芳的效果"；等等。

需求满足。马克思指出，"'思想'一旦离开'利益'，就一定会使自己出丑""理论只要彻底，就能说服人。所谓彻底，就是抓住事物的根本。但人的根本就是人本身"。马克思主义之所以彻底，就在于抓住了人本身，即追求人的自由全面发展，这是一个人的最高利益所在。马克思主义不仅指明了人的自由全面发展这一最高利益，而且揭示了达成这一最高利益的路径和规律，指引着人们建设新社会，因此成为最令人推崇的信仰。确立这样的信仰，内在发挥作用的是"需要—满足—信仰"机理。人的需要是人的行为的动力基础和源泉，转化为推动人进行活动的动机。人的需要包括自然需要、社会需要、精神需要。满足自然需要是信仰的基础，满足社会需要是信仰的必要条件，满足精神需要是信仰的关键。如果一种思想理论能够引导人们满足这三大需要，达成人与自然和谐、社会关系和谐、身心和谐，也就实现了人的利益最大化，那么，这一思想理论必然升华为人们的信仰。

首因效应。首因效应是指交往双方形成的第一次印象对今后交往关系的影响。如果一个人在初次见面时给人留下良好的印象，那么人们就愿意和他接近，彼此在交往中能获得愉悦的感受。其机理为：最先接收的信息能够得到更多的注意，信息加工精细，形成最初印象，构成大脑中关于此类信息的基础架构。后输入的此类其他信息只是被整合到这个基础架构中去。对于共产党人确立、巩固忠诚和信仰来讲，首因效应发挥作用的机理是，最先获得的有关忠诚和信仰对象的知识、价值在大脑中占据了优先的位置，并参与到以后的知识获取和价值选择中来，成为后来筛选知识和价值的基础条件。即与"第一印象"相符或能够强化"第一印象"的知识和价值才能进入头脑化为忠诚和信仰，否则就会被选择性地抛弃。把首因效应运用到党员干部确立、巩固忠诚和信仰上来，就要在其价值观形成的关键时期，形成对忠诚和信仰对象的良好印象，确立起认同的态度。

情感催化。价值与情感具有紧密联系。人的情感天然倾向于对真善美的正面价值抱有积极的好感，对假恶丑的负面价值则持排斥的态度。在对一个人深刻而全面了解之后，在情感上对他持肯定、喜爱或者赞同的态度，就会赢得他的积极回应。其间，若贯穿价值引导，则实现情与理的交融，实现情感对信仰的催化。情感催化的机理是，特定的时空环境成为教育者与受教育者之间情感共鸣的场域；教育者与受教育者都天然具有对真善美的追求，是对正义良知同频共振的"传神"导体；教育者通过娓娓道来的价值引导，源源不断地把正义良知传递给受教育者，从而实现两个导体之间的"会意"。受教育者在这样的互动中，通过心灵的感知和主观的检视，特别是与已有的实践感受相印证，即可实现信仰的升华。

看齐追随。看齐追随，表现为对"道"的追随。看齐追随的机理是：得"道"者悟得人间正道，把"道"视为信仰对象，并身体力行，从而具有强大的感召力；而尚未得"道"的求"道"者，得到得"道"

者的启迪，特别是在苦思冥想陷入黑暗时能得到引导和点拨，于是更加敬重得"道"者，并向其看齐追随。共产党人的"道"就是共产主义。共产党人要影响更多的人向其看齐追随，基本要求是"我讲的一定是我信的，我信的我一定照着去做"。有了这样的人格风范，就能团结更多的人共同奋斗。习近平总书记在主持召开学校思想政治理论课教师座谈会时，明确强调"让有信仰的人讲信仰"，这是对看齐追随机理的生动运用。作为教育者和领导干部，学习党的理论要把自己摆进去、把职责摆进去、把工作摆进去，做到学、思、用贯通，知、信、行统一。只有这样，才能带动他人看齐追随。

戒惧反省。戒惧反省的机理是，从旁观者的角度观察自己过往经历，将过去自己得到的教训作为客体来审视，发现自己的问题所在、教训所在，从而在内心深处留下深刻的警示，在以后碰到类似情况时能够力避犯同样的错误。具体到共产党人的忠诚和信仰，就是审视未曾确立马克思主义信仰或者曾经因不够成熟的信仰留下的教训，深刻认识到没有信仰或错误信仰的危害，从而矫正对于马克思主义的认识，确立起共产党人应有的信仰。当然，我们不主张以跌入万丈深渊的教训为代价来回归对马克思主义的信仰，而是主张以小见大，及时从一些小节、小错中反省和矫正，乃至从他人的摔跤中汲取教训，从而步入信仰的正道。

实践加固。马克思主义认识论告诉我们，对科学真理的认知和信仰并非天生的本能，而是求之而后得，践之而更信。共产党人确立和巩固马克思主义信仰，既要以学懂弄通为基础，更要以实践践行为关键，通过实践把理论认知外化于行，同时又通过实践在内心深处印证，生成"真信"。共产党人在实践中确立马克思主义信仰需要经历以下几个环节：一是领悟，即深入体会和把握马克思主义的世界观和方法论，掌握看家本领。二是创新，结合中国国情对马克思主义的原有观点作出新的发展，推进马克思主义的中国化时代化。三是运用，即把中国化时代化的马克思主义应用到实践中，推进党和国家事业的发展。四是修正，即结合实践中发现的新问题，修正原有的思想理论，进一步推进马克思主义的中国化时代化。五是认同，通过实践的检验，验证中国化时代化马克思主义的真理性，生成政治认同、理论认同和价值认同，从而升华为信仰。

（《光明日报》2023 年 2 月 13 日第 15 版）

推动主题教育扎实开展
锤炼绝对忠诚的政治品格

张东刚

在学习贯彻习近平新时代中国特色社会主义思想主题教育工作会议上，习近平总书记发表的重要讲话，围绕"学思用贯通、知信行统一"的根本任务，深刻阐述开展主题教育的目标要求，强调要"教育引导广大党员、干部锤炼政治品格，以党的旗帜为旗帜、以党的意志为意志、以党的使命为使命，始终忠诚于党、忠诚于人民、忠诚于马克思主义，真心爱党、时刻忧党、坚定护党、全力兴党"。忠诚的政治品格作为共产党人的党性和人格的集中体现和凝练表达，对统一全党思想意志行动、始终保持党的强大凝聚力战斗力具有重大意义。我们要以这次主题教育为契机，教育引导广大党员干部师生锤炼品格强化忠诚，努力在以学铸魂、以学增智、以学正风、以学促干方面取得实实在在的成效，把对习近平总书记的忠诚之心、爱戴之情转化为走好建设中国特色、世界一流大学新路的奋进之志、实干之力、创新之策，开创中国式高等教育现代化事业发展新局面。

坚定捍卫"两个确立"、坚决做到"两个维护"，在以学铸魂的深化中铸就绝对忠诚的政治品格

万山磅礴看主峰，大海航行看灯塔。确立和维护无产阶级政党的领导核心地位是马克思主义建党学说的本质要求，是共产党人政治上绝对忠诚的重要体现。在领导国际共产主义运动中，马克思特别强调领袖在政党中的核心作用，指出"每一个社会时代都需要有自己的大人物，如果没有这样的人物，它就要把他们创造出来"。在马克思主义建党学说的指导下，中国共产党逐渐形成了党的集中统一领导和维护党中央权威的历史传统和政治优势。党的十八大以来，习近平总书记从坚持和加强党的全面领导的战略高度出发，提出"党的政治建设是党的根本性建设"的重大论断，将"保证全党服从中央，坚持党中央权威和集中统一领导"作为党的政治建设的首要任务。深刻领悟"两个确立"的决定性意义，增强"四个意识"、坚定"四个自信"、做到"两个维护"，是推动以学铸魂落地见效、锤炼品格强化忠诚的必然要求。新时代新征程，我们的发展面临新的战略机遇、新的战略任务、新的战略环境，只有坚定捍卫"两个确立"、坚决做到"两个维护"，才能带领全国各族人民不断开辟中华民族伟大复兴的光明前景。

学习贯彻习近平新时代中国特色社会主义思想，在以学铸魂中锤炼中国共产党人的忠诚品格，就是要深刻领会这一思想关于坚定理想信念、提升思想境界、加强党性锻炼的一系列要求，把准政治方向，

增强政治认同，提高强化忠诚的政治站位，共同把党锻造成一块攻无不克、战无不胜的坚硬钢铁。坚定对马克思主义、共产主义的信仰，牢记"为共产主义奋斗终身"的历史使命，筑牢信仰之基，补足精神之钙，把稳思想之舵，成为马克思主义的坚定信仰者和忠诚信奉者。坚定对中国特色社会主义的信念，从党的一百多年奋斗历程中深刻把握中国特色社会主义的历史必然性、科学真理性、本质优越性，深刻理解党在坚持和发展中国特色社会主义历史进程中的领导核心地位，成为中国共产党的坚决拥护者和忠实追随者。坚定对实现中华民族伟大复兴中国梦的信心，站稳人民立场，坚持人民至上，不断实现人民群众对美好生活的向往，成为强国建设、民族复兴的忠实践行者、接续奋斗者。

我们要以这次主题教育为契机，以学铸魂强化忠诚，筑牢"走好建设中国特色、世界一流大学新路"的政治根基。深刻认识"两个确立"是党的十八大以来最重要的政治成果，对新时代党和国家事业发展、推进中华民族伟大复兴历史进程具有决定性意义，是党应对一切不确定性的最大确定性、最大底气、最大保证，必须倍加珍惜、坚决维护、长期坚持。深刻认识"两个维护"是最根本的政治纪律和政治规矩，增强忠诚核心、拥戴核心、维护核心、捍卫核心的思想自觉、政治自觉、行动自觉。以开展主题教育为契机，进一步梳理、学习、贯彻习近平总书记对高等教育的重要讲话和重要指示批示精神，在"举什么旗、走什么路"上态度鲜明、行动坚决，把党的全面领导融入管党治党、办学治校、教书育人全过程各方面。

深刻把握习近平新时代中国特色社会主义思想活的灵魂，在以学增智的内化中夯实绝对忠诚的思想基础

理论上的成熟是政治上成熟的基础，政治上的坚定源于理论上的清醒。恩格斯曾深刻指出，"一个民族要想站在科学的最高峰，就一刻也不能没有理论思维"。一百多年来，中国共产党始终坚持用马克思主义及其中国化创新理论武装全党，使全党始终保持统一的思想、坚定的意志、协调的行动、强大的战斗力。思想建设作为党的基础性建设，对建设坚强有力的马克思主义政党至关重要。新时代以来，以习近平同志为主要代表的中国共产党人坚持"理论创新每前进一步，理论武装就要跟进一步"的发展原则，深刻总结并充分运用党成立以来的历史经验，从新的实际出发，创立了习近平新时代中国特色社会主义思想。新征程上继续推进实践基础上的理论创新，必须把握好这一思想的世界观和方法论，坚持好、运用好贯穿其中的立场观点方法，为打牢思想基础、锤炼忠诚品格提供根本遵循和立足基点。

学习贯彻习近平新时代中国特色社会主义思想，在以学增智中锤炼中国共产党人的忠诚品格，就是要准确把握党的二十大报告提出的继续推进理论创新的"六个必须坚持"，打牢强化忠诚的思想基础，将这一思想变成改造主观世界和客观世界的强大思想武器，内化为科学的理论素养、忠诚的政治品格和强大的理想信念，外化为理论学习的热情、干事创业的激情和为民服务的感情。全面系统学，准确理解习近平新时代中国特色社会主义思想的基本观点、科学体系、核心要义、实践要求，坚持用科学的态度对待科学、以真理的精神追求真理，

忠于文本、忠于原义。深入思考学，避免"蜻蜓点水，不求甚解"，防止形式主义、表面文章，坚持由表及里、由浅入深，学思结合，以思促学，深刻领会这一思想的时代意义、理论意义、实践意义、世界意义。联系实际学，从这一思想中汲取奋发进取的智慧和力量，熟练掌握其中蕴含的领导方法、思想方法、工作方法，用新思路、新办法、新举措谋划推进工作。

我们要以这次主题教育为契机，以学增智强化忠诚，提升"走好建设中国特色、世界一流大学新路"的能力本领。全面、系统、深入学习习近平新时代中国特色社会主义思想，全面把握这一思想的世界观、方法论和贯穿其中的立场观点方法，深刻理解这一思想的道理学理哲理，推动党员干部师生真学真懂真信真用，推动学习往深里走、往实里走、往心里走。深刻领悟习近平新时代中国特色社会主义思想是当代中国马克思主义、二十一世纪马克思主义，是中华文化和中国精神的时代精华，大力加强这一思想的系统化学理化学科化研究，深化为实现第二个百年奋斗目标的重大理论和实践问题研究。用好统学、领学、研学、联学、践学"五学联动"常态化机制，采取读书班、理论学习中心组学习、干部岗前培训、集中学习教育等形式，不断增进对党的创新理论的政治认同、思想认同、理论认同、情感认同，坚定不移沿着习近平总书记指引的方向前进。

深入推进党的自我革命，
在以学正风的强化中永葆绝对忠诚的清醒坚定

自我革命是我们党跳出历史周期率的"第二个答案"。勇于自我

革命是无产阶级政党的独特标识，是中国共产党的最大政治优势。中国共产党人在发扬马克思主义科学性、革命性、人民性、实践性的理论品格基础之上，始终坚持真理、修正错误，在推动社会革命的同时进行彻底的自我革命，领导人民战胜了一个又一个困难，取得了一个又一个胜利。党的十八大以来，以习近平同志为核心的党中央，明确了新时代"持之以恒推进全面从严治党，深入推进新时代党的建设新的伟大工程"的重大意义和原则要求，探索出了依靠党的自我革命跳出历史周期率的成功路径。牢牢把握以伟大自我革命引领伟大社会革命的重要原则是推动以学正风落地见效、锤炼品格强化忠诚的必然要求。实践证明，我们党要始终赢得人民拥护、巩固长期执政地位，必须时刻保持解决大党独有难题的清醒和坚定，锤炼对党忠诚、为党尽责、矢志不渝、一以贯之的政治品格，确保党永远不变质、不变色、不变味。

学习贯彻习近平新时代中国特色社会主义思想，在以学正风中锤炼中国共产党人的忠诚品格，就是要突出强化忠诚的问题导向，主动把自己摆进去、把职责摆进去、把工作摆进去，查不足、找差距、明方向，接受政治体检，打扫政治灰尘，纠正行为偏差，解决思想不纯、组织不纯方面存在的突出问题，不断增强党的自我净化、自我完善、自我革新、自我提高能力，使我们党始终充满蓬勃生机和旺盛活力，始终成为中国特色社会主义事业的坚强领导核心。要抓好调查研究，深入实际、深入群众，走好新时代党的群众路线，真正把情况摸清、把问题找准、把对策提实，引导和推动全党大兴调查研究之风。抓好检视整改，紧密结合新形势新任务新职责，奔着问题去、带着问题学、对着问题改，把学、查、改有机贯通起来，以刀刃向内的自觉、刮骨疗毒的勇气、忠诚为民的品格，全面查找自身不足和工作偏差，带动全党深查实改，以整改的实际成效取信于民。抓好督促指导，压实领导责任，着力发现和解决各种苗头性、倾向性问题，坚持求真务实、真抓实干，确保方向不偏、力度不减，以严的基调、严的措施、严的氛围抓好问题解决。

我们要以这次主题教育为契机，以学正风强化忠诚，强化"走好建设中国特色、世界一流大学新路"的担当精神。紧紧围绕贯彻落实党委领导下的校长负责制，加强基层党组织建设，干部教师和人才队伍建设，意识形态、学生社团管理等工作，梳理存在问题，把根源研究透彻，把措施提准提实，用创新理论指导推进解决发展所需、改革所急、师生所盼的问题。开展党性分析，坚持以党性立身做事，对照主题教育要着力解决的理论学习、政治素质、能力本领、担当作为、工作作风、廉洁自律等 6 个方面突出问题，制定具体的、详细的、可操作性的工作计划，逐项推进落实。强化贯彻执行党的路线方针政策的督促检查，完善习近平总书记重要讲话精神和党中央重大决策部署贯彻落实的督查问责机制，确保党中央大政方针不折不扣落地落实。

扎实推进强国复兴伟业，
在以学促干的转化中激发绝对忠诚的实践伟力

时代是思想之母，实践是理论之源。实践的观点、生活的观点是马克思主义认识论的基本观点，实践性是马克思主义理论区别于其他理论的显著特征。马克思指出，"哲学家们只是用不同的方式解释世界，问题在于改变世界"。拥有科学理论指导的无产阶级政党，始终从自身的性质宗旨出发，科学制定反映社会发展客观规律和必然趋势的纲领路线，创建了思想统一的党员队伍，制定了规范全面的法规制度，掌握了科学有效的斗争本领。作为世界上最大的马克思主义执政党，中国共产党的一百多年奋斗从根本上改变了中国人民的前途命运、开辟了实现中华民族伟大复兴的正确道路、展示了马克思主义的强大生命力、深刻影响了世界历史进程、锻造了走在时代前列的中国共产党。牢牢把握理论联系实际的马克思主义优良学风是推动以学促干落地见效、锤炼品格强化忠诚的必然要求。进入新时代，面对许多具有新的历史特点的伟大斗争，广大党员干部必须表里如一、知行合一，深入学习宣传贯彻党的二十大精神，深入推进中国式现代化，一张蓝图绘到底，一任接着一任干。

学习贯彻习近平新时代中国特色社会主义思想，在以学促干中锤炼中国共产党人的忠诚品格，就是要教育引导广大党员干部胸怀"国之大者"，汲取强化忠诚的实践伟力，传承弘扬中国共产党人忠诚品格的光荣传统，把党的创新理论运用到贯彻落实党的二十大提出的重大战略部署，将"对党忠诚、不负人民"的精神品质转化为奋进新征程、建功新时代的行动自觉。要善于运用习近平新时代中国特色社会主义思想推进中国式现代化取得新进展新突破，明确根本性质，强化政治领导，把握重大原则，遵循本质要求，丰富战略支撑，拓展实践路径，使中国式现代化的中国特色更加鲜明、优势更加彰显、前景更加辉煌。善于运用习近平新时代中国特色社会主义思想解决经济社会发展和党的建设中存在的各种矛盾问题，完整、准确、全面贯彻新发展理念，加快构建新发展格局，深刻把握推动高质量发展的必由之路、战略基点、必然要求、最终目的、政治保障。善于运用习近平新时代中国特色社会主义思想防范化解重大风险，增强忧患意识，坚持底线思维，下好先手棋，打好主动仗，不断提高推动高质量发展本领、服务群众本领、防范化解风险本领，坚决防范各种风险失控蔓延，坚决防范系统性风险。

我们要以这次主题教育为契机，以学促干强化忠诚，务求"走好建设中国特色、世界一流大学新路"的工作实效。要紧紧围绕高质量发展这个全面建设社会主义现代化国家的首要任务，以强化理论学习指导发展实践，以深化调查研究推动解决发展难题，把学习和调研落实到完成党的二十大部署的各项任务中去，以推动高质量发展的新成效检验主题教育成果。要与全面贯彻党的教育方针，坚持社会主义办学方向，坚持立德树人，着力培养德智体美劳全面发展的社会主义建设者和接班人紧密结合起来。要与加强党对高校的全面领导，坚持和完善党委领导下的校长负责制，落实意识形态责任制，加强和改进高校思政工作，健全"三全育人"体制机制紧密结合起来。要与加快建设教育强国、科技强国、人才强国，深入实施"十四五"规划，深化教育教学科研改革，加快"双一流"建设，全面提高人才自主培养能力，建构中国自主的知识体系，推动高等教育内涵式发展紧密结合起来。

（《光明日报》2023 年 5 月 9 日第 6 版）

继续发扬好旗帜鲜明讲政治这一优势

刘思妗

习近平总书记在庆祝中国共产党成立 100 周年大会上指出："新的征程上，我们要牢记打铁必须自身硬的道理，增强全面从严治党永远在路上的政治自觉，以党的政治建设为统领，继续推进新时代党的建设新的伟大工程。"党的历史是最生动、最有说服力的教科书。百年党史昭示，旗帜鲜明讲政治，是马克思主义政党的鲜明特征，是我们党一以贯之的政治优势。什么时候全党讲政治，党内就风清气正，党的事业就蓬勃发展；反之，就弊病丛生、人心涣散、丧失斗志。历史启示我们，在全面建设社会主义现代化国家的新征程上，必须继续发扬好旗帜鲜明讲政治这一优势，切实增强"四个意识"、坚定"四个自信"、做到"两个维护"，牢记"国之大者"，确保全党上下拧成一股绳，心往一处想、劲往一处使，坚定地向着全面建成社会主义现代化强国的第二个百年奋斗目标迈进。

中国共产党从成立之日起，就高度重视党的政治建设，形成了讲政治的优良传统

任何政党都有自己的政治使命、政治目标、政治追求。不同政党的政治属性是不同的。马克思主义政党不同于很多为小集团争权夺利、为少数人谋利益的政党，而是一个具有先进品格的政党。习近平总书记指出："马克思主义政党具有崇高政治理想、高尚政治追求、纯洁政治品质、严明政治纪律。如果马克思主义政党政治上的先进性丧失了，党的先进性和纯洁性就无从谈起。"可见，保持党在政治上的先进性、从政治上建设党，是马克思主义政党建设的根本要求。

马克思主义的创始人马克思、恩格斯十分重视总结无产阶级政党自身建设的规律，注重从政治上建设党。在领导创建共产主义者同盟、领导国际工人协会、热情支持巴黎公社革命的过程中，马克思、恩格斯逐步认识到，"要使工人摆脱旧政党的这种支配，最好的办法就是在每一个国家里建立一个无产阶级的政党"，而无产阶级政党要巩固革命事业的领导权，就要通过自身建设永远保持其先进性和纯洁性。在《共产主义者同盟章程》《共产党宣言》《国际工人协会共同章程》《哥达纲领批判》等不朽名作中，马克思、恩格斯阐述了无产阶级政党作为一个先进政治组织的性质宗旨、奋斗目标和组织原则，提出无产阶级政党的政策要"与其他政党的政策不同，因为它必须表现出工人阶级解放的条件"，从历史使命的高度强调讲政治是由党的性质和宗旨决定，把党的建设与党的奋斗目标联系在了一起。俄国十月革命胜利后，列宁领导的布尔什维克党成为世界上第一个执政的工人

阶级政党。在领导俄国社会主义革命的过程中，列宁继承和发展了马克思、恩格斯关于党的建设的思想。在《怎么办？》《进一步，退两步》《国家与革命》《唯物主义和经验批判主义》等经典著作中，列宁阐明了无产阶级专政的政治纲领和无产阶级革命的组织要求、纪律原则等。列宁认为："无产阶级所以能够成为而且必然会成为不可战胜的力量，就是因为它根据马克思主义原则形成的思想统一是用组织的物质统一来巩固的。"列宁还强调，只有把所有党员都组成一个由统一的思想、组织、纪律团结起来的统一部队，才能实际地领导工人阶级取得社会主义革命的胜利并建成社会主义。

中国共产党从成立之日起，就高度重视党的政治建设，形成了讲政治的优良传统。在俄国十月革命和社会主义新思潮影响下，中国无产阶级迅速觉醒并快速成长，很快登上了历史舞台，成为反帝反封建的民主革命领导者。党的一大讨论通过的中国共产党第一个纲领是中国共产党历史上第一个关于党的建设的马克思主义文献，旗帜鲜明地表明了党的政治属性和政治使命，并从政治上对党的组织章程、组织原则、发展党员等作了明确规定。1929年12月，中国共产党红军第四军第九次代表大会在福建省上杭县古田召开，会议通过的古田会议决议指出："红军是一个执行革命的政治任务的武装集团""军事只是完成政治任务的工具之一"，规定红军宣传工作的任务"就是扩大政治影响争取广大群众"，要求"提高党内的政治水平""加紧官兵的政治训练""使党员的思想和党内的生活都政治化，科学化"。1939年10月，毛泽东在《〈共产党人〉发刊词》中提出，为了中国革命的胜利，迫切需要建设一个全国范围的、广大群众性的、思想上政治上组织上完全巩固的中国共产党。新中国成立后，毛泽东提出

"政治工作是一切经济工作的生命线""没有正确的政治的观点，就等于没有灵魂"等观点，都体现了我们党从政治上建设党的一以贯之的高度自觉。

1978 年党的十一届三中全会召开后，以邓小平同志为主要代表的中国共产党人以党在政治路线上的拨乱反正为突破口，将"到什么时候都得讲政治"的原则贯彻到中国特色社会主义建设实践中。邓小平反复强调，"离开政治的大局，不研究政治的大局"，就不能"成为一个马克思主义的思想家、理论家"。正是在旗帜鲜明讲政治的思想指引下，我们党在改革开放进程中经受住了国内外的各种政治风浪、战胜了各种严峻挑战，开启了中国特色社会主义事业新篇章，党的建设也由此进入了新的阶段。

党的十八大以来，以习近平同志为核心的党中央把讲政治提到一个新的历史高度。从指出"理想信念就是共产党人精神上的'钙'"，到要求党员干部做"政治上的明白人"；从提出"党的政治建设决定党的建设方向和效果"，到强调"全面从严治党首先要从政治上看"；从严明政治纪律和政治规矩，到严肃党内政治生活，我们党把政治建设摆在更加突出位置，形成了鲜明的政治导向，消除了党内严重政治隐患，推动党的政治建设取得重大历史性成就。党的十九大报告把政治建设列入党的建设总体布局中，着重强调要把政治建设摆在首位，以党的政治建设为统领继续推进新时代党的建设新的伟大工程，这是习近平新时代中国特色社会主义思想对马克思主义建党学说的一个重大创新。

传承和发扬马克思主义政党的鲜明品格，
把紧扣民心作为把准政治方向和政治立场的关键

举什么旗、走什么路、朝什么方向前进，是党的政治建设的重大问题。马克思、恩格斯在共同起草的全世界共产党人的第一个纲领性文件《共产党宣言》中提出，共产党人始终代表无产阶级和劳动人民的利益，"没有任何同整个无产阶级的利益不同的利益"，明确了马克思主义政党的最高目标是实现共产主义，建立一个没有压迫、没有剥削、人人平等、人人自由的理想社会。《共产党宣言》指出，过去的一切运动都是少数人的或者为少数人谋利益的运动，无产阶级的运动是绝大多数人的、为绝大多数人谋利益的独立的运动。这一鲜明的政治立场充分表明马克思主义不同于以往任何占统治地位的、为统治阶级服务的理论，是关于人民自身解放的思想体系，是人民的理论，同时也充分体现了马克思主义政党的根本性质和宗旨。

以马克思列宁主义为指导思想和行动指南的中国共产党传承了马克思主义政党的鲜明品格，一经成立就确立了为中国人民谋幸福、为中华民族谋复兴的初心和使命，并将此作为党的政治追求和奋斗目标。以毛泽东同志为主要代表的中国共产党人对中国革命道路进行了艰难探索，不仅创造性地解决了把马克思列宁主义基本原理同中国实际相结合的一系列重大问题，还创造性地解决了在中国特殊的社会历史条件下建设马克思主义政党的一系列重大问题，努力把党建设成为同人民群众有着血肉联系的、思想上政治上组织上完全巩固的马克思主义政党。1934 年 1 月，毛泽东在江西瑞金召开的第二次全国工农兵代表大会上指出："要得到群众的拥护吗？要群众拿出他们的全力放到战线上去吗？那末，就得和群众在一起，就得去发动群众的积极性，就得关心群众的痛痒，就得真心实意地为群众谋利益。"1945 年 10 月，毛泽东在延安干部会议上作关于重庆谈判的报告时指出："我们共产党人好比种子，人民好比土地。我们到了一个地方，就要同那里的人民结合起来，在人民中间生根、开花。"经过 28 年浴血奋战，中国共产党人领导带领全国人民夺取了新民主主义革命胜利，建立了新中国，实现了几代中国人梦寐以求的民族独立和人民解放，中国人民真正成为国家、社会和自己命运的主人。

党的十一届三中全会作出把党和国家工作中心转移到经济建设上来、实行改革开放的历史性决策，使我国社会主义建设进入新的历史发展时期。以邓小平同志为主要代表的中国共产党人始终站在时代要求、国家发展和人民期待的高度，在新中国成立以来革命和建设实践的基础上成功走出了一条实现社会主义现代化和创造人民美好生活的必由之路——中国特色社会主义道路。中国共产党人继续用好我们党的传家宝，坚定不移地贯彻群众路线，以增进人民福祉为改革开放和社会主义现代化建设的根本目标。邓小平多次强调："贫穷不是社会主义，社会主义要消灭贫穷。不发展生产力，不提高人民的生活水平，不能说是符合社会主义要求的。"正是因为始终把人民利益作为开展工作的最高准则，党和人民的事业才走上了正确轨道，才取得了人民满意的成效，人民群众的生活由此发生了翻天覆地的变化，中华民族实现了从站起来到富起来的伟大飞跃。

党的十八大以来，以习近平同志为主要代表的中国共产党人把人民对美好生活的向往作为奋斗目标，科学把握新时代我国社会主要矛盾的新变化，坚持以人民为中心的发展思想。习近平总书记提出，"人民群众是我们力量的源泉""民心是最大的政治，正义是最强的力量""实现中国梦必须凝聚中国力量。这就是中国各族人民大团结的力量"。在习近平新时代中国特色社会主义思想的指引下，中国共产党人坚决贯彻把人民放在心中最高位置的政治要求，努力办好各项民生事业，全力打赢脱贫攻坚战，实现更高质量、更有效率、更加公平、更可持续、更为安全的发展，使改革发展成果更多更公平惠及全体人民，推动共同富裕取得更为明显的实质性进展。在庆祝中国共产党成立 100 周年大会上，习近平总书记指出，"中国共产党根基在人民、血脉在人民、力量在人民"，并向全体中国共产党员发出了铿锵有力的号召"永远保持同人民群众的血肉联系，始终同人民想在一起、干在一起，风雨同舟、同甘共苦，继续为实现人民对美好生活的向往不懈努力，努力为党和人民争取更大光荣！"历经沧桑而初心不改，饱经风霜而本色依旧。我们党实现了第一个百年奋斗目标，在中华大地上全面建成了小康社会，历史性地解决了绝对贫困问题，正在意气风发向着全面建成社会主义现代化强国的第二个百年奋斗目标迈进。

百年大党，初心如磐。中国共产党在领导救国、兴国、强国的历史伟业中，始终把人民立场作为根本立场，把为人民谋幸福作为根本使命，坚持全心全意为人民服务的根本宗旨，坚持以人民为中心的根本政治立场和价值取向，贯彻党的群众路线，尊重人民主体地位和首创精神，铸就了人民至上的政治基因。百年来，正是紧扣民心这一最大的政治，中国共产党才能从认识根源和思想动力上不断增强对方向和旗帜的正确认识，才能在胜利和顺境时不骄傲，在困难和逆境中不消沉，始终保持对远大理想和奋斗目标的清醒认知和执着追求，牢牢占据推动人类社会进步、实现人类美好理想的道义制高点。

坚持和发展马克思主义建党原则，坚决维护党中央权威和集中统一领导

维护党中央权威和集中统一领导是马克思主义执政党的重大建党原则。马克思、恩格斯在领导创立无产阶级政党的过程中历来重视党的领导的问题，从思想上、组织上、制度上号召无产阶级要维护党的最高政治领导力量。《共产主义者同盟中央委员会告同盟书》指出，应该建立一个"独立工人政党组织，并且应该使自己的每一个支部都成为工人协会的中心和核心"。在领导第一国际的过程中，马克思、恩格斯多次强调，为了把工人阶级团结成一个统一的整体，"国际"的执行机关——总委员会的权威是最强有力的武器，他们坚决反对"支部自治、各自治小组的自由联合、反权威主义、无政府状态"。1871 年巴黎公社失败后，恩格斯在总结巴黎公社失败的教训时指出，"巴黎公社遭到灭亡，就是由于缺乏集中和权威"。列宁同样强调维护党中央权威和集中统一领导的重要性，指出"造就一批有经验、有极高威望的党的领袖是一件长期的艰难的事情。但是做不到这一点，无产阶级专政、无产阶级的'意志统一'就只能是一句空话"。

中国共产党是靠崇高的革命理想和铁的纪律建立起来的马克思主义政党，百年来坚持和发展马克思主义建党原则，把维护党中央权威和集中统一领导作为确保全党意志统一、行动统一的法宝。以毛泽东同志为主要代表的中国共产党人通过缔造一个在党中央绝对领导下的

人民武装力量、凝聚一支坚决维护党的集中统一领导的广大同盟军等正确战略策略，创造性地解决了中国革命进程中一道道复杂难题。党的第一代中央领导集体的权威在革命进程中逐步树立，中国共产党由此发展成为一个成熟的马克思主义执政党。新中国成立后，毛泽东多次强调维护党中央权威和集中统一领导在社会主义建设时期的重要性，指出"为了建设一个强大的社会主义国家，必须有中央的强有力的统一领导，必须有全国的统一计划和统一纪律，破坏这种必要的统一，是不允许的"。

以邓小平同志为核心的第二代中央领导集体创造性地提出加强党的领导必须改善党的领导，必须聚精会神抓党的建设，使党的建设充满新的生机活力。在改革开放进程中，邓小平严厉批判了"你有政策我有对策"的错误做法，反复强调"中央要有权威。改革要成功，就必须有领导有秩序地进行……中央定了措施，各地各部门就要坚决执行，不但要迅速，而且要很有力，否则就治理不下来"。历史也充分证明，维护党中央权威和集中统一领导是改革顺利进行的首要条件和有力保障。

党的十八大以来，以习近平同志为核心的党中央切实担负起党和人民赋予的政治责任，团结带领全党全国各族人民在危机中育先机，于变局中开新局，充分发挥党总揽全局、协调各方的领导核心作用。习近平总书记指出："讲政治最根本就是要讲党性，在思想政治上讲政治立场、政治方向、政治原则、政治道路，在行动实践上讲维护党中央权威、执行党的政治路线、严格遵守党的政治纪律和政治规矩。""坚持党中央权威和集中统一领导，这是党的领导的最高原则，任何时候任何情况下都不能含糊、不能动摇。"全党同志应在思想上高度认同，在政治上坚决维护，在组织上自觉服从，在行动上紧紧跟随。

历史和现实表明，旗帜鲜明讲政治、坚持党中央权威和集中统一领导，是我们党能成为百年马克思主义大党、永葆生机活力的关键，更是党和国家事业行稳致远、走向辉煌的决定因素。当前，百年变局和世纪疫情交织叠加，世界进入动荡变革期，不稳定性不确定性显著上升。形势越是复杂，挑战越是严峻，就越需要党中央发挥一锤定音、定于一尊的领导作用，越是需要广大党员干部增强政治意识、保持政治定力、把握政治方向、承担政治责任、提高政治能力，从而在新的历史条件下以昂扬姿态奋力开启全面建设社会主义现代化国家新征程，向实现第二个百年奋斗目标进军。

（《中国纪检监察报》2021 年 7 月 15 日第 8 版）

坚持造就忠诚干净担当的高素质干部队伍

王懂棋

"为政之要，唯在得人"。党的干部是党和国家事业的中坚力量。政治路线确定之后，干部就是决定的因素。党的十八大以来，针对具有许多新的历史特点的伟大斗争，习近平总书记围绕高素质干部队伍建设提出了许多新思想、新观点、新论断，核心是坚持造就忠诚干净担当的高素质干部队伍。

坚持党管干部原则，坚持新时代好干部标准

坚持党管干部原则，是党的事业取得成功的重要因素。中国共产党从革命走向建设、改革的百余年历史进程中，正是因为始终坚持党管干部原则，牢牢把握党对各项事业的领导权，才能在领导政党、国家、社会互动中不断建构出权威、秩序与活力。正是因为把党管干部

原则有效融合于治理结构，不断加强制度化建设，才能建立一个具有分工结构和选贤任能功能的运行体制。

党的十八大以来，习近平总书记围绕培养选拔党和人民需要的好干部这条主线，强调坚决防止干部工作中出现的"四唯"问题，为端正用人导向提供了重要指导和根本遵循。党中央制定出台一系列法规制度，解决唯票、唯分、唯GDP、唯年龄问题。2014年修订的《党政领导干部选拔任用工作条例》规定，民主推荐结果作为选拔任用的重要参考；规定公开选拔、竞争上岗应从实际出发，合理确定选拔职位、数量和范围；规定把民生改善、生态文明建设、党的建设等作为考核评价的重要内容。2019年新修订的《党政领导干部选拔任用工作条例》充实了动议要求，调整了民主推荐程序，突出了严格贯彻执行民主集中制有关内容，把党的领导进一步贯穿分析研判和动议、民主推荐、考察、讨论决定、任职等各个环节以及依法推荐、提名等各项工作之中，使党对干部工作的全面领导得到更好实现，党管干部原则得到更好坚持。

坚持新时代好干部标准，要严格把好政治关、廉洁关。

高素质首在突出政治标准，一看政治忠诚，是否牢固树立"四个意识"，坚定拥护"两个确立"，坚决做到"两个维护"，在思想上政治上行动上同以习近平同志为核心的党中央保持高度一致。二看政治定力，是否坚定"四个自信"。三看政治担当，是否坚持原则、敢于斗争。四看政治能力，是否善于从政治上观察和处理问题。五看政治自律，是否严格遵守党的政治纪律和政治规矩。

高素质重在严把廉洁关，在品行、作风和廉洁上严格把关，坚决防止"带病提拔"。党中央印发《关于防止干部"带病提拔"的意见》，明确党委（党组）在向上级党组织推荐报送拟提拔或进一步使用的人选时，要认真负责地对人选廉洁自律情况提出结论性意见，实行党委（党组）书记、纪委书记（纪检监察组组长）在意见上签字制度。同时，结合巡视开展选人用人专项检查，严肃查处跑官要官、买官卖官、拉票贿选等不正之风。拧紧干部管理监督的螺丝，开展领导干部个人有关事项报告抽查核实工作，加大提醒函询诫勉力度，持续开展"三超两乱""裸官"、干部档案造假、干部因私出国（境）等专项整治，优化了选人用人环境，促进了政治生态净化。

注重思想淬炼、政治历练、实践锻炼、专业训练

重视对干部的教育培训是中国共产党的优良传统，是造就忠诚干净担当的高素质干部队伍的重要路径。中国共产党自成立之初就把干部教育培训作为干部队伍建设的先导性、基础性、战略性工程。延安时期创办了中央党校、抗大、陕北公学等各级各类干部学校，从学习、传播马克思主义，培养军政人才、专业人才等方面对党员干部进行素质能力培训。正因为重视造就高素质干部队伍，中国共产党才能一代接着一代奋力前行。

党的十八大以来，中国共产党尤其注重从思想淬炼、政治历练、实践锻炼、专业训练四个方面造就忠诚干净担当的高素质干部队伍。

在思想淬炼和政治历练方面，强调对党忠诚。对党忠诚是最基本的党性要求，是马克思主义信仰最直接的体现。

忠诚，就是要怀有赤诚之心，对党忠诚老实。习近平总书记强调："全党同志特别是高级干部要加强党性锻炼，不断提高政治觉悟和政

治能力，把对党忠诚、为党分忧、为党尽职、为民造福作为根本政治担当，永葆共产党人政治本色。"忠诚既是广大党员干部安身立命的道德基础，也是党性修养的集中体现，是每个党员对入党誓言的忠诚践行。

忠诚，具有彻底性，具有执行力。党的干部对党的忠诚是绝对的，是"唯一的、彻底的、无条件的、不掺任何杂质的、没有任何水分的"。在实现中华民族伟大复兴的进程中，对党忠诚必须具有彻底性和坚强的执行力，只有这样才能应对惊涛骇浪。新时代，党的各级干部要做到忠诚，必须主动把自己摆进去，不断提高政治判断力、政治领悟力、政治执行力。

在实践锻炼和专业训练方面，习近平总书记多次强调要按照建设高素质专业化干部队伍要求，强化能力培训和实践锻炼，提高专业思维和专业素养，涵养干部担当作为的底气和勇气。在实际工作中，要优化干部成长路径，注重在基层一线和困难艰苦地区培养锻炼干部，让他们在实践中砥砺品质、增长才干。要注重培养专业作风、专业精神，引导广大干部坚持理论联系实际，干一行爱一行、钻一行精一行。党的十九大报告中，习近平总书记提出党员干部要增强八个方面的执政本领。《中共中央关于党的百年奋斗重大成就和历史经验的决议》中多次强调提高斗争本领，增强担当本领。党的二十大报告进一步强调，增强干部推动高质量发展本领、服务群众本领、防范化解风险本领。加强干部斗争精神和斗争本领养成，着力增强防风险、迎挑战、抗打压能力，带头担当作为，做到平常时候看得出来、关键时刻站得出来、危难关头豁得出来。

坚持严管和厚爱相结合

造就高素质干部队伍是一门科学，既要敢抓善管、精准施策，体现组织的纪律和严的力度，又要撑腰鼓劲、关爱宽容，体现组织的温度。组织敢于为干部担当，严管厚爱相结合，干部干事创业才会更有动力与激情。

早在革命战争时期，毛泽东就十分注重干部队伍的严管厚爱相结合，既注重做好干部的监督、检查、纠正工作，又强调从政治上、生活上关心爱护干部。在《中国共产党在民族战争中的地位》一文中，毛泽东指出爱护干部的五个办法：第一，指导他们。这就是让他们放手工作，使他们敢于负责；同时，又适时地给以指示，使他们能在党的政治路线下发挥其创造性。第二，提高他们。这就是给以学习的机会，教育他们，使他们在理论上在工作能力上提高一步。第三，检查他们的工作，帮助他们总结经验，发扬成绩，纠正错误。第四，对于犯错误的干部，一般地应采取说服的方法，帮助他们改正错误。第五，照顾他们的困难。干部有疾病、生活、家庭等项困难问题者，必须在可能限度内用心给以照顾。

在长期执政背景下，面对新形势新挑战，必须注重激发广大干部的积极性、主动性、创造性，坚持严管和厚爱结合，为国家治理体系和治理能力现代化提供坚强的组织保障。

在新时代党的建设新的伟大工程中，中国共产党要确保党在世界形势深刻变化的历史进程中始终走在时代前列，在应对国内外各种风险和考验的历史进程中始终成为全国人民的主心骨，在发展中国特色社会主义的历史进程中始终成为坚强的领导核心，必须坚持造就忠诚干净担当的高素质干部队伍，坚持严管和厚爱相结合、激励和约束并重，完善干部担当作为激励机制，更好激励广大党员干部的积极性、主动性、创造性。

党的十八大以来，习近平总书记多次强调"三个区分开来"，干部队伍的容错纠错机制建设有了很大的成效。接下来，要进一步推进容错纠错机制的要素建设，不断完善容错纠错机制的实操细节规定，不断完善受党纪政务处分、受问责干部影响期满后鉴定评价机制建设，不断纠正执行中存在的重容错轻纠错的问题。同时，要以精准规范问责，进一步厘清权责边界，进一步完善纵向层级间的责任界定分担机制，避免因责任不均衡导致层层推诿，积极构建覆盖"事前、事中、事后"的风险评估、回溯、分担机制，形成"干部为事业担当，组织为干部担当"的良好局面。

（《中国纪检监察报》2023 年 11 月 7 日第 8 版）

年轻干部要自觉做对党忠诚老实的模范践行者

陈秋贵

习近平总书记在 2024 年春季学期中央党校（国家行政学院）中青年干部培训班开班之际作出重要指示，强调年轻干部"要自觉做对党忠诚老实的模范践行者，旗帜鲜明讲政治，着力提高政治判断力、政治领悟力、政治执行力，严守党的政治纪律和政治规矩，说老实话、办老实事、做老实人，始终同党中央保持高度一致"。这一重要论述既充分体现了共产党人最基本的政治品格和做人准则，也为年轻干部健康成长指明了正确方向、提供了根本遵循。

"对党忠诚老实，言行一致"，是党章明确规定的义务，也是对一个合格党员的起码要求。周恩来曾说："世界上最聪明的人是最老实的人，因为只有老实人才能经得起事实和历史的考验。"党的事业，人民的事业，是靠千千万万党员的忠诚奉献而不断铸就的。据不完全统计，从 1921 年至 1949 年，我们党领导的革命队伍中，仅有名可查的烈士就达 370 多万人。在新时代脱贫攻坚的斗争中，1800 多名党员、干部将生命定格在脱贫攻坚征程上。我们党一路走来，经历了无数艰险和磨难，但任何困难都没有压垮我们，任何敌人都没能打倒我们，靠的就是千千万万党员对党和人民事业的无限忠诚。

对党忠诚老实，不是抽象的而是具体的，不是有条件的而是无条件的，必须体现在对党的信仰、党的组织、党的事业的忠诚上。忠诚也不是自然而然产生的，对党要有朴素的感情，更要有理性的自觉。年轻干部要学好党的历史，从党的辉煌成就、艰辛历程、历史经验、优良传统中汲取智慧，用党的历史砥砺忠诚品格。加强理论学习，掌握看家本领，把习近平新时代中国特色社会主义思想的世界观、方法论和贯穿其中的立场观点方法转化为自己的思想武器，铸牢精神支柱，补足精神之钙，在任何情况下都要做到政治信仰不变、政治立场不移、政治方向不偏。把加强党性修养作为终身课题，坚决杜绝思想上的跑冒滴漏、行为上的出轨越界，始终做政治上的明白人、老实人，绝不做阴阳人、两面人，保持共产党人的初心不改、本色不变。严守党的政治纪律和政治规矩，把自己的一言一行严格置于党的纪律和规矩约束下，始终牢记自己的第一身份是共产党员，第一职责是为党工作，做到忠诚于组织，任何时候都与党同心同德，对中央的要求不讲条件、不搞变通，自觉维护党中央权威，在任何时候任何情况下都要在思想上政治上行动上同党中央保持高度一致。

对党忠诚老实，不是停留在口头表态上，关键是要落实到具体行动上。年轻干部要把对党忠诚老实体现在贯彻党中央决策部署的行动上，体现在履职尽责、做好本职工作的实效上，体现在日常言行上，勇于担苦、担难、担重、担险，练就管用有效的"十八般武艺"，让自己多"几把刷子"，做到讲实话、办实事、求实效，以实际行动诠释对党的忠诚。谋划推进工作，要自觉把为民造福作为最大政绩，扑下身子、沉到一线，用心用情用力解决群众急难愁盼问题，把好事实事做到群众心坎上。

"人无忠信，不可立于世。"年轻干部作为党和国家事业发展的生力军，肩负着实现中华民族伟大复兴的历史重任，只有不断锤炼对党忠诚的政治品格，坚守做老实人、说老实话、干老实事的人生信条，真正把对党忠诚、为党分忧、为党尽职、为民造福转化为实实在在的行动，才能担负起党和人民赋予的职责和使命。

（《学习时报》2024 年 3 月 15 日第 1 版）

观　点

自觉做对党忠诚老实的模范践行者

程晓宇

　　对党忠诚老实，是党章规定的共产党员应当履行的义务，是中国共产党人首要的政治品质。习近平总书记在 2024 年春季学期中央党校（国家行政学院）中青年干部培训班开班之际作出重要指示强调："要自觉做对党忠诚老实的模范践行者"。年轻干部只有不断砥砺对党的赤诚忠心，才能做到无论遇到何种诱惑、何种困难，都不迷失方向、不丧失信念，坚定不移听党话、跟党走，始终不改其心、不移其志、不毁其节。

　　要求党员对党忠诚老实，从根本上说是由我们党的性质决定的，是由我们党的先进性和纯洁性决定的。党的先进性使党员自觉忠诚于党、时刻追随着党；党的纯洁性要求党员必须在思想上是坚定的、在信仰上是纯粹的，在行动上体现出来就是忠诚老实。我们党一路走来，经历了无数艰险和磨难，但任何困难都没有压垮我们，任何敌人都没能打倒我们，靠的就是千千万万党员的忠诚。中国共产党早期领导人蔡和森立下"匡复有吾在，与人撑巨艰。忠诚印寸心，浩然充两间"的誓言，与敌人顽强斗争到生命的最后一刻。解放战争时期，被关押在重庆渣滓洞、白公馆的中国共产党人经受种种酷刑折磨，宁死不屈，用鲜血诠释了"永远朝着东方，永远朝着党"的忠诚。人们常常以"特殊材料制成的人"来赞誉优秀共产党员，这种"特殊材料"正是用忠诚和信仰淬炼而成的。

年轻干部是党和国家事业发展的生力军，是中国特色社会主义事业的接班人，能不能始终做到对党忠诚老实，影响着党和国家事业的长远发展。衡量是否对党忠诚老实，在革命战争年代主要看能不能为党和人民的事业冲锋陷阵、舍生忘死，在和平年代也有明确的检验标准，首先就是要政治能力过硬。习近平总书记强调："在干部干好工作所需的各种能力中，政治能力是第一位的。"政治根基打得牢不牢，直接影响年轻干部的成长成才。年轻干部要始终保持高度的政治敏锐性，着力提高政治判断力、政治领悟力、政治执行力，始终坚持党的领导，自觉在思想上政治上行动上同以习近平同志为核心的党中央保持高度一致，坚决贯彻执行党的理论和路线方针政策，不折不扣落实党中央决策部署，做政治上的明白人、老实人。

党的纪律和规矩是检验党员干部是否忠诚老实的"试金石"。做对党忠诚老实的模范践行者，年轻干部要以身作则守纪律、讲规矩，党叫干什么就坚决干，党不允许干什么就坚决不干，始终知敬畏、存戒惧、守底线，特别是要慎独慎微。党的十八大以来，我们党坚持制度治党、依规治党，全方位、立体式推进党内法规体系建设，进一步明确了全体党员的行为规范。对这些硬杠杠、铁规矩，年轻干部要切实增强执行的坚定性和自觉性，把对党忠诚老实转化为知行知止、令行禁止的优良作风。

忠诚老实要体现在实际行动上。新征程上，如何更好推动高质量发展，为经济社会发展增动力、添活力；如何更好解决民生领域的痛点难点问题，不断满足人民群众对美好生活的向往；如何有效防范化解风险，确保经济社会平稳运行……一道道考题摆在面前，如果在工作上不愿担当、拈轻怕重，遇到难题就退缩，就难以说做到了对党忠诚老实。年轻干部要顺应中国式现代化事业发展新要求，把崇尚实干、埋头苦干作为对党忠诚老实的一份承诺，作为爱党、忧党、兴党、护党的一种责任，树立和践行正确政绩观，以"俯首甘为孺子牛"的执着奉献真抓实干，当好中国式现代化建设的坚定行动派、实干家，以实际行动诠释对党忠诚老实。

（《人民日报》2024年4月18日第9版）

第三章

自觉做矢志为民造福的
无私奉献者

———

要自觉做矢志为民造福的无私奉献者，
始终把人民放在心中最高位置，树立和践
行正确政绩观，走好新时代党的群众路线，
提高做群众工作的本领，用心用情用力解
决群众急难愁盼问题，不断增强人民群众
的获得感、幸福感、安全感。

自觉做矢志为民造福的无私奉献者
——"奋力跑好历史的接力棒"

石 羚

"居民收入增长和经济增长同步""引导优质医疗资源下沉基层""多渠道增加托育服务供给"……翻开今年的《政府工作报告》，民生温度可感可知，既展现了沉甸甸的民生答卷，也谋划了满当当的民生清单。一年接着一年干、一件接着一件办，才有越来越坚实的保障，越来越美好的生活。

为民造福是最大政绩。"要自觉做矢志为民造福的无私奉献者"，习近平总书记的殷殷嘱托，为年轻干部成长成才指明了方向。年轻干部正处在长本事、长才干的大好时期，必须站稳人民立场、树牢群众观点、办好民生实事，才能真正成为对党和人民忠诚可靠的干部。

我们党是为人民谋幸福、给人民办事的。年轻干部干事创业，首先要解决好为谁创造业绩、创造什么样的业绩、怎样创造业绩的问题。树立和践行正确政绩观，起决定性作用的是党性。只有党性坚强、摒弃私心杂念，才能保证政绩观不出偏差。年轻干部必须扣好"第一粒扣子"，坚定理想信念，牢记初心使命，正确对待权力，确保党和人民赋予的权力始终用来为人民谋幸福。坚持以人民为中心的发展思想谋划推进工作，坚持发展为了人民、发展依靠人民、发展成果由人民共享，才能创造经得起历史和人民检验的实绩。

为民造福，说到底就是要用心用情用力解决人民群众急难愁盼问题，不断增强人民群众的获得感、幸福感、安全感。刚到广西乐业县百坭村工作的黄文秀，曾因情况陌生哭过鼻子，但她与村民同劳动、聊家常，帮群众扫院子、种油茶，很快赢得群众支持、打开工作局面；她四处找资金、请专家，熬夜拿对策、做方案，以产业发展带动群众脱贫致富。把心贴近群众，才能充分了解老百姓的真实感受、体会老百姓的安危冷暖，进而有的放矢地增进民生福祉，把好事实事做到群众心坎上，以实干实绩取信于民。

基层是最好的课堂，群众是最好的老师。只有到群众中去，到基层一线去，才能找到干事创业的思路方法。在福建宁德，"四下基层"优良传统延续了30多年，实实在在增进着民生福祉，也锤炼着广大党员干部特别是年轻干部的思想作风。贯彻党的群众路线，坚持到群众中去、到实践中去，对年轻干部转变作风、增长才干、提高本领至关重要。只有真正把自己当作群众的一员、把群众的事当作自己的事，改进群众工作方法，提高群众工作水平，才能从生动鲜活的基层实践中汲取终身受益的经验和智慧。

"我们的目标很宏伟，也很朴素，归根到底就是让老百姓过上更好的日子。"锚定既定奋斗目标，拿出攻坚克难的决心，磨炼日拱一卒的恒心，许党报国、为民奉献，年轻干部一定能跑好历史接力棒、当好事业接班人。

（《人民日报》2024 年 3 月 25 日第 4 版）

树立和践行正确政绩观

詹成付

党的十八大以来，习近平总书记围绕树立和践行正确政绩观作出一系列重要论述，强调"干事创业一定要树立正确政绩观""树牢造福人民的政绩观"等。中共中央政治局 7 月 24 日召开会议指出："要以学习贯彻习近平新时代中国特色社会主义思想主题教育为契机，教育引导广大党员干部牢固树立正确政绩观"。广大党员干部要深入学习贯彻习近平总书记关于树立和践行正确政绩观的重要论述，在新征程上努力创造经得起实践、人民、历史检验的实绩。

深刻认识树立和践行正确政绩观的重大意义

政绩观是党员干部世界观、人生观、价值观和权力观、地位观、利益观、事业观等在干事创业中的体现。中国共产党是中国特色社会主义事业的领导核心，党员干部的政绩观正确与否，直接关系党和人民事业发展。

习近平同志在河北正定工作期间，要求"每个部门、每个单位、每个党员的工作都必须服从和服务于国家建设和改革的大局"；在福建工作期间，倡导"滴水穿石"精神、"弱鸟先飞"意识，不搞上任伊始"烧三把火"，也不搞"三天打鱼、两天晒网"；在浙江工作期间，强调"树政绩的根本目的是为人民谋利益""要甘于做铺垫之事""积小胜为大胜"；在上海工作期间，要求各级干部始终坚持执政为民，"要多干群众急需的事，多干群众受益的事，多干打基础的事，多干长远起作用的事"。

中国特色社会主义进入新时代，党和国家事业发展对党员干部树立和践行正确政绩观提出了新的更高要求。习近平总书记强调："面对改革发展稳定的艰巨繁重任务，各级领导班子和领导干部一定要按照中央要求，牢记'空谈误国，实干兴邦'，积极进取，奋发有为，做出经得起实践、人民、历史检验的实绩""要树立正确政绩观，多做打基础、利长远的事""要发扬求真务实、真抓实干的作风，以钉钉子精神担当尽责，树立'功成不必在我'的境界，一件事情接着一件事情办，一年接着一年干"。在以习近平同志为核心的党中央坚强领导下，绝大多数党员干部树立和践行正确政绩观，围绕中心任务真抓实干，完成脱贫攻坚、全面建成小康社会的历史任务，创造了人类文明史上人口大国成功走出疫情大流行的奇迹，推动发展的平衡性协调性包容性持续提高，我国高质量发展不断取得新成效。

党的二十大擘画了全面建成社会主义现代化强国、以中国式现代化全面推进中华民族伟大复兴的宏伟蓝图。习近平总书记指出："要增强大局观念，牢固树立全国一盘棋思想，坚持算大账、算长远账，不打小算盘、不搞小聪明，把地区和部门工作融入党和国家事业大局""要因地制宜、因时制宜，紧密结合各自实际，开动脑筋、主动作为、大胆作为，创造性开展工作，真正让党中央决策部署落地见效"。同时，针对一些干部政绩观出现偏差的情况，习近平总书记强调："只有党性坚强、摒弃私心杂念，才能保证政绩观不出偏差""大家一定要牢记创造业绩的目的是为人民谋利益，真正把心思和精力放在为党和人民干事创业上。"习近平总书记的重要论述具有很强的现实针对性、工作指导性。我们要深刻领悟"两个确立"的决定性意义、坚决做到"两个维护"，把习近平总书记关于树立和践行正确政绩观的重要论述精神贯彻落实好。

全面把握树立和践行正确政绩观的丰富内涵

习近平总书记指出，树立和践行正确政绩观，要"解决好政绩为谁而树、树什么样的政绩、靠什么树政绩的问题"。学习习近平总书记的重要论述，我们深刻体会到，树立和践行正确政绩观，起决定性作用的是党性。党员干部做事情、干工作，要做到有利于国家、有利于人民，既符合国家和人民眼前利益，又符合国家和人民长远利益，不断促进经济社会发展、促进国家富强和人民幸福。

解决好"政绩为谁而树"的问题。这关乎为谁执政、为谁用权、为谁谋利。人民是我们党执政最深厚的基础和最大底气。习近平同志在福建宁德工作期间强调："为官之本在于为官一场，造福一方""当共产党的'官'，只有一个宗旨，就是造福于民"；在浙江工作期间强调："在任何时候任何情况下，都要始终坚持把最广大人民的根本利益放在首位，自觉用最广大人民的根本利益来检验自己的工作和政绩"。党的十八大以来，习近平总书记强调："共产党就是给人民办事的，就是要让人民的生活一天天好起来，一年比一年过得好。"我们要牢记中国共产党是什么、要干什么这个根本问题，把为民造福作为最重要的政绩，树立正确的权力观、政绩观、事业观，不慕虚荣，不务虚功，不图虚名，切实做到为官一任、造福一方。

解决好"树什么样的政绩"的问题。这关乎政绩检验标准。习近平总书记强调："既要做让老百姓看得见、摸得着、得实惠的实事，也要做为后人作铺垫、打基础、利长远的好事，既要做显功，也要做潜功，不计较个人功名，追求人民群众的好口碑、历史沉淀之后真正的评价。"好事实事"要从群众切身需要来考量，不能主观臆断，不能简单化、片面化""扶持经济发展，帮助群众富裕起来是好事实事；弘扬社会正气，打击'害群之马'，丰富群众业余生活，创造良好社会环境，也是好事实事；解决群众衣食住行之苦、生老病死之需，是好事实事；甚至远处僻土深山的群众买不到灯泡、肥皂之类针头线脑的小事，得到我们的关心解决，也是好事实事。"这启示我们，树立和践行正确政绩观，要坚持实践观点、群众观点、历史观点。

解决好"靠什么树政绩"的问题。这关乎政绩的实现途径。一要靠对党忠诚。习近平总书记指出："全党同志要强化党的意识，始终把党放在心中最高位置"。要做到党中央提倡的坚决响应，党中央决定的坚决照办，党中央禁止的坚决杜绝。二要靠对国之大者心中有数。习近平总书记指出，要"关注党中央在关心什么、强调什么，深刻领会什么是党和国家最重要的利益、什么是最需要坚定维护的立场"。

一切工作都要以贯彻落实党中央决策部署为前提，善于把地区和部门的工作融入党和国家事业大棋局。三要靠政贵有恒。习近平总书记指出："大国政贵有恒，不能朝令夕改，不要折腾""不要一换届领导就兜底翻，更不要为了显示所谓政绩去另搞一套，不要空洞的口号满天飞"。四要靠群众路线。习近平总书记指出："全党要坚持全心全意为人民服务的根本宗旨，树牢群众观点，贯彻群众路线，尊重人民首创精神，坚持一切为了人民、一切依靠人民，从群众中来、到群众中去，始终保持同人民群众的血肉联系，始终接受人民批评和监督，始终同人民同呼吸、共命运、心连心。"五要靠狠抓落实。习近平总书记指出："不注重抓落实，不认真抓好落实，再好的规划和部署都会沦为空中楼阁。"对当务之急，要立说立行、紧抓快办；对长期任务，要保持战略定力和耐心，坚持一张蓝图绘到底；要强化精准思维，坚持"致广大而尽精微"，做到谋划时统揽大局、操作中细致精当。六要靠廉洁自律。习近平总书记强调："当官要当舞台上端端正正的官，当清官，不要当庸官贪官"。遇到问题、作出决策、处理工作首先要从政治上想一想，对照党章、党内政治生活准则、党纪处分条例举一反三，看准能不能干、该不该做，始终做政治上的明白人。

以正确导向引领党员干部树立和践行正确政绩观

树立和践行正确政绩观，除了依靠干部的自我教育、自我提高、自我管理，组织的引导也至关重要。

习近平总书记指出："如何考准考实干部政绩，也是一个难点""要完善干部考核评价和选任办法，既重能力又重品行，既重政绩又重政德"。新征程上，我们要坚持正确导向，引导党员干部树立和践行正确政绩观。

改进考核方法手段。在浙江工作期间，习近平同志就强调："我们要从坚持立党为公、执政为民的高度来考核评价干部的政绩，坚持抓好发展与关注民生的结合、对上负责与对下负责的结合、立足当前与着眼长远的结合，科学设定考核政绩的内容和程序，完善考评体系和方法。"党的十八大以来，习近平总书记进一步指出："既看发展又看基础，既看显绩又看潜绩，把民生改善、社会进步、生态效益等指标和实绩作为重要考核内容，再也不能简单以国内生产总值增长率来论英雄了。"要通过考核这个"指挥棒"推动干部形成重实际、求实效，不提脱离实际的高指标、不喊哗众取宠的空口号、不搞劳民伤财假政绩的务实之风，扎扎实实地把各项工作落到实处。

发挥榜样的作用。榜样的力量是无穷的。习近平总书记善于用榜样的力量激励全党树立和践行正确政绩观。比如，习近平总书记在福建考察工作时指出："谷文昌同志的事迹同焦裕禄、杨善洲同志的事迹一样，展示了一名共产党员和一名领导干部的坚强党性、远大理想、博大胸怀、高尚情操。"同中央党校第一期县委书记研修班学员进行座谈时指出："焦裕禄同志以自己的实际行动塑造了一个优秀共产党员和优秀县委书记的光辉形象。做县委书记，就要做焦裕禄式的县委书记。"好的榜样，是最好的引导。我们一定要发挥榜样的作用，让广大党员干部自觉学习先进、争当先进，在感动中行动，自觉做正确政绩观的践行者。

实行问责追责。习近平总书记强调："一些干部惯于拍脑袋决策、拍胸脯蛮干，然后拍屁股走人，留下一屁股乱账，最后官照当照升，不负任何责任。这是不行的。我说过了，对这种问题要实行责任制，而且要终身追究。"比如，针对甘肃祁连山生态破坏、陕西秦岭北麓违建别墅、青海木里矿区非法开采等典型案例，有关地方和部门严肃查处和追责了一批失职渎职的人员，有力推动了各级党委和政府担负起生态文明建设的政治责任，坚决做到令行禁止，确保党中央关于生态文明建设各项决策部署落地见效。实践证明，问责一个、警醒一片、提高一批，对于推动党员干部树立和践行正确政绩观具有重要作用，要善于运用好这一重要手段和方法。

（《人民日报》2023 年 10 月 19 日第 13 版）

淬炼公而忘私、甘于奉献的高尚品格

朱辉宇

勇于自我革命是中国共产党区别于其他政党的显著标志，建设廉洁政治是党自我革命必须长期抓好的重大政治任务。习近平总书记强调："要继续全面加强惩治和预防腐败体系建设，加强反腐倡廉教育和廉政文化建设。"加强廉洁文化建设，厚植廉洁奉公文化基础，守住党员干部为政之本，是推进全面从严治党的题中应有之义。中国共产党带领全国人民在革命、建设和改革过程中锻造了革命文化。这一文化形态以革命史实为基础，是中国共产党克难制胜的重要精神法宝，能够为廉洁文化建设提供深厚力量，为淬炼共产党人公而忘私、甘于奉献的高尚品格提供文化支撑。

传承革命基因，将党性与德性有机结合，淬炼公而忘私、甘于奉献的高尚品格

革命文化传承红色革命基因，体现了坚持党性和德性的有机统一。加强新时代廉洁文化建设，应汲取革命文化中强调党性要求的宝贵经验，在制度保障和思想提升的基础上，引领党员干部坚持公私分明、先公后私、公而忘私，不断淬炼高尚的廉政品格。

立足党性高度，把握公私问题。建设廉洁政治、培育廉洁品格，首要的问题是引导党员干部正确认识和处理公私问题，这既是道德要求，更是党性使然。习近平总书记指出："党性是党员干部立身、立业、立言、立德的基石。"而衡量党性强弱的根本尺子是公私二字。弘扬革命文化，就要传承中国共产党人克己奉公、埋头苦干、公而忘私、甘于奉献的红色基因，帮助党员在不断修养德性和锤炼党性的基础上，锻造廉洁的高尚品格。

严守公私之分，坚持公私分明。严守公私之间的界限，准确把握个人、集体和国家的利益关系，始终坚持公私分明，是形成公而忘私、甘于奉献的高尚品格的前提与基础。革命文化以中国共产党领导的革命历程为脉络，以波澜壮阔的革命历史为基础，蕴含丰富动人的先进事迹。例如，毛泽东同志严守公私之分，曾为自己定下"恋亲，但不为亲徇私；念旧，但不为旧谋利；济亲，但不以公济私"的规矩。弘扬革命文化，要用革命史实和真实事件教育人，用革命榜样和先进模范引领人，帮助广大党员干部提升其道德分析和判断能力，辨明公私之分，严守公私之别。

明确公私之序，做到先公后私。明确公私之间的排序，正确处理个人、集体和国家的利益冲突，自觉坚持先公后私，是形成公而忘私、甘于奉献的高尚品格的关键与重心。自党的八大通过的《中国共产党章程》开始，在党员义务一条中就明确规定："把党的、国家的、也就是人民群众的利益，摆在个人的利益之上；在两种利益发生抵触的时候，坚决地服从党的、国家的、也就是人民群众的利益。"作为共产党人，当个人利益和人民利益发生冲突时，必须毫不犹豫地以人民利益为重，这是德性和党性的双重要求。

倡导克己奉公，践行公而忘私。在严守公私之分，明确公私之序的基础上，进一步推动广大党员干部追求克己奉公、大公无私的道德境界，从而在道德实践中锻造公而忘私、甘于奉献的高尚品格。刘少奇同志在《论共产党员的修养》中指出："党的利益高于一切，这是我们党员的思想和行动的最高原则。"事实上，中国共产党之所以能够取得不同历史时期的伟大成就，正是因为有无数共产党员为了广大人民群众的利益而牺牲自我、无私奉献。弘扬革命文化，必须传承革命前辈讲党性、尊德性的优良传统，将公而忘私视为当然之选，在实践中不断提升党性、砥砺品格。

钩沉革命史实，将学史与崇德紧密结合，塑造公而忘私、甘于奉献的高尚品格

革命文化以真实鲜活的革命历史为基础，包含众多大公无私、公而忘私的历史事件和模范人物。推进新时代廉洁文化建设，应充分挖掘和阐发革命文化中的革命史实，推动党员干部将学史与崇德紧密结

合，引导党员干部传承红色基因、涵养廉政品质。

学习革命历史，坚持对党忠诚的大德，淬炼廉洁品格。革命历史反复证明，党员干部只有对党忠诚，才能在实践中真正做到大公无私、勇于担当、甘于奉献。焦裕禄同志为消除兰考县严重的内涝、风沙、盐碱"三害"，艰苦奋斗、科学求实、无私奉献，最终积劳成疾而献出了宝贵生命。焦裕禄同志之所以能够做到大公无私、甘于奉献，与其始终坚守对党忠诚的大德息息相关。鉴于此，弘扬革命文化、学习革命历史，必须倡导对党忠诚的大德，正如习近平总书记所指出的，必须"对党忠诚老实、与党中央同心同德，听党指挥、为党尽责"。这既是政治要求，也是道德要求，亦是淬炼高尚廉政品格的前提和基础。

学习革命历史，坚持人民至上的公德，塑造廉洁品格。党的百年奋斗史中涌现出众多无私无畏、忘我奉献的先进模范，其共同特点就是始终坚持人民至上，将人民群众的利益摆在首位并为之努力奋斗、鞠躬尽瘁。例如，雷锋同志在22年的短暂生命中，以平凡的行动，践行为人民服务的宗旨，充分体现了艰苦奋斗、大公无私、一心利人的精神，其核心即为人民服务、坚持人民至上。当前，我们弘扬革命文化，推进廉洁文化建设，必须确立人民至上的立场，坚持全心全意为人民服务的根本宗旨，在实际工作中淬炼公而忘私、甘于奉献的高尚品格。

学习革命历史，坚持严于律己的私德，永葆廉洁品格。党的优良传统表明，党员干部形成公正廉洁、大公无私的道德品质，有赖于严守私德的自我修养和严于律己的道德实践。在革命战争年代，红色革命政权之所以能够存在并不断壮大，很大程度上是因为我们党为政清廉，绝大多数党员干部秉公用权、先公后私。在改革开放和社会主义现代化建设新时期，党和国家事业之所以能够不断发展，很重要的是有一大批品德高尚、无私无畏的党员干部默默奉献。新时代条件下，我们弘扬革命文化、学习革命历史，理所当然应继承这一优良传统，养成慎始、慎独、慎微的意识，走好人生每一步。事实上，清清白白做人、干干净净做事，存养正气、严守私德，正是淬炼公而忘私、甘于奉献的高尚品格的题中应有之义。

弘扬革命精神，将内化与外化辩证结合，提升公而忘私、甘于奉献的高尚品格

革命文化是党在伟大实践中积淀、传承下来的宝贵精神财富，蕴含着一系列伟大而独特的革命精神，集中体现了我们党的精神特质和高尚风骨。推进新时代廉洁文化建设，应大力弘扬革命精神，推动党员干部将道德要求内化于心、外化于行，自觉锻造廉洁品格。

传承革命精神，将公而忘私的道德要求内化于心。党的百年奋斗锻造了走在时代前列的中国共产党，形成了以伟大建党精神为源头的精神谱系。弘扬红色革命精神，凸显"革命理想高于天"的精神品质，高扬大公无私、克己奉公的价值追求，推动党员干部形成廉洁奉公的道德认知和道德情感，使外在的道德知识逐步转化为个人内心的道德信念，是形成廉洁品质的必要前提和关键环节。值得注意的是，道德知识的内化过程，并不是简单的"灌输—接受"过程，必将伴随着不同道德规范和价值观念的冲突和选择，是包含道德自我约束和自我调节的自觉过程。在此过程中，我们可以充分发挥革命文化的独特作用，

宣传先进模范、凝聚榜样力量、高扬革命精神、构建神圣场域，帮助党员干部将谨慎用权、廉洁奉公、公而忘私的道德要求内化为主体的道德信念。若此，党员干部就能主动对照廉洁自律的道德要求，自觉进行道德自我控制，主动履行廉洁道德义务，涵养公而忘私的道德境界。

发扬革命精神，将公而忘私的道德要求外化于行。革命文化中蕴含的诸多革命精神，有个共同的特点，即都是中国共产党人在拼搏奋斗、改造世界的实践过程中形成的。塑造大公无私的道德品格同样如此，必须将道德要求外化于行，落实于为民服务、廉洁奉公的道德行为，固化为克己奉公、公而忘私的道德习惯。党员干部在社会实践中做出的道德行为、表现出的道德习惯是构成道德品格的重要成分，亦是评判主体道德品格高低的重要依据。发扬革命精神，应将"德行"与"德性"相结合，全面提升道德认知、道德情感、道德意志和道德信念，激发道德自觉，将廉洁奉公的道德意识外化为道德行为，形成道德习惯，进而在实践中淬炼公而忘私、甘于奉献的高尚品格。

（《光明日报》2022 年 4 月 25 日第 15 版）

走好新时代党的群众路线

赵兴银

习近平总书记在党的二十大报告中强调："全党要坚持全心全意为人民服务的根本宗旨，树牢群众观点，贯彻群众路线，尊重人民首创精神，坚持一切为了人民、一切依靠人民，从群众中来、到群众中去，始终保持同人民群众的血肉联系，始终接受人民批评和监督，始终同人民同呼吸、共命运、心连心。"习近平总书记的重要指示从我们党的性质和根本宗旨出发，为走好新时代党的群众路线指明了方向、提供了根本遵循。群众路线是我们党的生命线和根本工作路线，是我们党永葆青春活力和战斗力的重要传家宝。我们要时刻保持对"党的最大政治优势是密切联系群众，党执政后的最大危险是脱离群众"的清醒和坚定，深刻领悟习近平总书记关于党的群众路线的重要论述，始终做到为了群众、相信群众、依靠群众，确保我们党的理论和路线方针政策符合最广大人民的根本利益。

一

　　中国特色社会主义进入新时代，党的群众路线既赓续弘扬了党在革命、建设和改革时期的精神血脉和价值内涵，又蕴涵了新时代的精神品格和价值意蕴。走好新时代党的群众路线，既要把握好党的百年奋斗成功经验的历史传承，也要把握好新时代的历史方位和现实要求。

　　从历史来看，党的群众路线是我们党在革命战争年代进行革命实践活动中形成的，是无比宝贵的革命斗争经验的总结。党在斗争实践中认识到，革命斗争是人民群众的斗争，必须紧紧依靠和充分组织动员人民群众。毛泽东提出并系统地阐发了"从群众中来，到群众中去"的根本方法。在《关于领导方法的若干问题》中，毛泽东指出："在我党的一切实际工作中，凡属正确的领导，必须是从群众中来，到群众中去。这就是说，将群众的意见（分散的无系统的意见）集中起来（经过研究，化为集中的系统的意见），又到群众中去作宣传解释，化为群众的意见，使群众坚持下去，见之于行动，并在群众行动中考验这些意见是否正确。然后再从群众中集中起来，再到群众中坚持下去。如此无限循环，一次比一次地更正确、更生动、更丰富。这就是马克思主义的认识论。"刘少奇在党的七大上作《关于修改党章的报告》指出："党的群众路线，是我们党的根本的政治路线，也是我们党的根本的组织路线。"党的七大通过的党章，第一次明确规定了党的群众观点和群众路线的基本内容和基本要求。随后，党的群众路线理论得到进一步丰富和发展。党的十一届六中全会通过的《关于建国以来党的若干历史问题的决议》，把党的群众路线的基本内容概括为"一切为了群众，一切依靠群众，从群众中来，到群众中去"。

党的十八大以来，习近平总书记反复强调要坚持以人民为中心，永远保持党同人民群众的血肉联系，发挥亿万人民的创造伟力，不断满足人民群众对美好生活的需要。习近平总书记强调，功成名就时做到居安思危、保持创业初期那种励精图治的精神状态不容易，执掌政权后做到节俭内敛、敬终如始不容易，承平时期严以治吏、防腐戒奢不容易，重大变革关头顺乎潮流、顺应民心不容易。这"四个不容易"告诫我们，踏上第二个百年奋斗目标，我们党面临的"赶考"远未结束，越是长期执政，就越不能丢掉马克思主义政党的本色，越不能忘记党的初心使命，越不能忘记我们党的群众路线这个制胜法宝。

历史经验反复证明，什么时候党的群众路线贯彻得好、执行得好，党和国家事业就顺利发展；什么时候党的群众路线贯彻不力、执行不力，党和国家的事业就会受到损害。我们要准确把握新时代党的群众路线的历史方位和现实要求，把贯彻执行党的群众路线看作厚植党长期执政的群众基础、不断进行革命的一项实实在在的工作，充分发挥群众路线的巨大威力，不断实现人民对美好生活的向往。

二

习近平总书记指出："保持党的先进性和纯洁性、巩固党的执政基础和执政地位靠什么？最重要的就是靠坚持党的群众路线、密切联系群众。""不论过去、现在和将来，我们都要坚持一切为了群众，一切依靠群众，从群众中来，到群众中去，把党的正确主张变为群众的自觉行动，把群众路线贯彻到治国理政全部活动之中。"

坚持不懈用习近平新时代中国特色社会主义思想凝心铸魂。贯彻落实党的二十大精神，是当前和今后一个时期全党首要的政治任务。党的理论来自人民、为了人民、造福人民。习近平新时代中国特色社会主义思想之所以得到亿万人民的拥护，就在于始终秉持人民立场、坚持人民至上，是来自人民、为了人民、造福人民的理论。新时代我们走好党的群众路线，必须站稳政治立场，深刻领悟"两个确立"的决定性意义，更加坚定自觉地做到"两个维护"，始终在政治立场、政治方向、政治原则、政治道路上同以习近平同志为核心的党中央保持高度一致。要自觉用习近平新时代中国特色社会主义思想武装头脑、凝心铸魂，永远牢记中国共产党是什么、要干什么这个根本问题，牢记"国之大者"，制定和贯彻最符合广大人民群众根本利益的路线方针政策。发挥人民群众主体作用推进现代化进程，永远同人民群众同呼吸、共命运、心连心。

深入把握新时代群众工作的特点和规律。习近平总书记指出："群众工作是我们的看家本领，我们党靠群众工作起家，同样要靠群众工作实现长期执政。"新时代新征程，我们须臾不可忘记始终保持同人民群众的血肉联系是我们党的最大政治优势，深刻把握新时代群众工作的特点和规律，创新和改进方式方法。人民群众中蕴藏着治国理政的智慧和力量；人民需要什么、向往什么、期盼什么，不是拍脑袋就能想出来的；每一项政策方针的制定，也不是纸上谈兵就能得出来的。好的方针政策都应该来自人民、顺应人民的意愿、符合人民的所思所想。要大行调查研究之风，以调研先行、调研开路，问政于基层、问需于百姓、问计于人民。要善于走网络群众路线，各级干部要经常上网看看，潜潜水、聊聊天、发发声，了解群众所思所愿，收集好想法好建议，积极回应网民关切、解疑释惑。

　　坚持以人民为中心的发展思想。带领人民创造美好生活，是我们党始终不渝的奋斗目标。人民是阅卷人。"只要是人民群众欢迎、咧嘴笑的事，再难也要干到底；只要是人民群众不高兴、撇嘴的事，就坚决不要干！"当前，我国社会主要矛盾发生深刻变化，人民对美好生活的向往更加强烈，我们在民生保障上还存在短板，巩固拓展脱贫攻坚成果任务艰巨，人民群众在就业、教育、医疗、居住、养老等方面还面临不少难题。这就要求我们必须增强使命感，坚持以人民为中心的发展思想，着力破解发展不平衡不充分问题和人民群众急难愁盼问题，不断实现好、维护好、发展好最广大人民根本利益，不断增强人民群众获得感、幸福感、安全感，推动全体人民共同富裕取得更为明显的实质性进展。我们要牢记，党与人民生死相依、休戚与共，始终保持血肉联系，是党战胜一切困难和风险的根本保证。党的事业无论发展到什么阶段，都不能忘记为了谁、依靠谁、我是谁。只要始终坚持以人民为中心的发展思想，永不脱离群众，我们党一定能永远赢得人民群众的信任和拥护，我们的事业一定能始终拥有不竭的动力和源泉。

（《光明日报》2023 年 1 月 30 日第 6 版）

在全社会大力弘扬奉献精神

张溢木

党的二十大报告指出，"统筹推动文明培育、文明实践、文明创建，推进城乡精神文明建设融合发展，在全社会弘扬劳动精神、奋斗精神、奉献精神、创造精神、勤俭节约精神，培育时代新风新貌"。这既总结了党的十八大以来我国开展群众性精神文明创建和新时代文明实践的经验，也提出了建设高度文明的社会主义现代化国家的根本遵循。奉献精神是中华民族永续传承的宝贵精神力量，是中国共产党人的鲜明底色和精神特质，是提高全社会文明程度的重要内容，也是汇聚精神力量、培育时代新风新貌的内在要求。

中华民族是一个崇尚奉献的民族

在几千年的历史中，舍己为人、克己奉公、鞠躬尽瘁等一直为世人所尊崇，凝聚为中华优秀传统文化的文化内核，成为中华民族传统美德的重要组成部分。从女娲补天、夸父逐日、神农尝百草、大禹治水、愚公移山等神话传说，到"鞠躬尽瘁、死而后已"的诸葛亮、"先天下之忧而忧，后天下之乐而乐"的范仲淹、"人生自古谁无死，留取丹心照汗青"的文天祥、"苟利国家生死以，岂因祸福避趋之"的林则徐、"捧着一颗心来，不带半根草去"的陶行知等，在中华民族的文明史上，处处可见燃烧自己点亮他人的楷模故事，总能看到无数精忠报国、毁家纾难、舍生忘死的感人事迹。这种先人后己、甘为人梯的朴实精神和海纳百川的淡泊胸襟，为国家利益和人民利益舍弃个人利益的高贵品质，牺牲小我、成就大我的奉献精神，业已衍化为中华民族的优良传统和民族气节，深深扎根于每个中国人的心底、牢牢融入中华民族的血脉，潜移默化地影响着人们的言行方式，凝聚起万众一心、不懈奋斗的强大力量，塑造了一个又一个英雄模范人物，撑起了一代又一代的民族脊梁，是中华民族革故鼎新、生生不息的重要精神密码和文化基因，孕育着社会主义核心价值观的思想精髓。

奉献是中国共产党人的精神底色

中国共产党 100 多年的历史，就是一部为中国革命、建设、改革赤诚奉献的历史，鲜明体现了千千万万共产党人忠于党、忠于人民、无私奉献的优秀品质。习近平总书记在"七一勋章"颁授仪式上指出，拼搏奉献，就是把许党报国、履职尽责作为人生目标，不畏艰险、敢于牺牲，苦干实干、不屈不挠，充分展示了共产党人无私无畏的奉献精神和坚忍不拔的斗争精神。中国共产党自诞生之日起，就明确自己是中国工人阶级的先锋队，坚持全心全意为人民服务的根本宗旨，以实现共产主义为最高理想和远大目标。这决定了中国共产党人讲奉献不是可有可无的选择，而是必须履行的义务，是在全心全意为人民服务的实践中淬炼党性、提升道德修养和思想境界的精神底色。在长期的历史实践中，党创立形成的伟大建党精神、井冈山精神、长征精神、延安精神、西柏坡精神、"两弹一星"精神、抗震救灾精神、载人航天精神等一系列伟大精神中，奉献精神始终贯穿其中，是一个真正的中国共产党人所向往和追求的高尚品质和情操修养。党的队伍中所涌现的江姐、邱少云、雷锋、王进喜、焦裕禄、谷文昌、杨善洲、郭明义、南仁东、黄旭华、张富清、张桂梅等一大批英雄模范，以对党、人民和国家的无限忠诚、以"全心全意为人民服务"的高尚思想道德、以"毫不利己、专门利人"的精神境界，为了国家富强、民族振兴、人民幸福，始终不忘初心、牢记使命，始终不畏艰难险阻、不怕困难牺牲，甘愿贡献智慧和汗水，甚至付出鲜血和生命，在奉献祖国、奉献人民中书写了壮美的人生篇章。中国共产党人的这种胸怀忧国忧民之心、爱国爱民之情，坚守笃行勇于奉献的精神之光，为无数人照亮了前行之路，使人们对奉献精神有了更为深刻的理解。

奉献精神体现了社会主义道德的基本要求

　　奉献精神的具体内容和表现形式是多种多样的，在全社会大力弘扬奉献精神，既要保持总目标、总要求的一致性，又应该针对不同社会群体和不同人的具体特点，分别提出具体要求，引导人们在不同的层次和程度上、以不尽相同的具体形式来发扬奉献精神。社会主义道德正是从社会主义社会实际出发，鼓励先进、照顾多数、反对后进，将道德的先进性要求和广泛性要求结合起来，形成的一整套联结与引导不同道德觉悟的人向上向善的道德原则和价值规范体系。在其主导原则和价值规范中，追求奉献还是一味索取，往往是衡量人生价值高低的分水岭。习近平总书记多次指出，"谁把人民放在心上，人民就把谁放在心上""我的工作是为人民服务，很累，但很愉快""我将无我，不负人民"，赤诚而真切地表达了社会主义道德的崇高精神境界。在社会主义社会，道德又常常是同"奉献"联系在一起的。奉献精神是人们世界观、人生观、价值观的具体体现，其核心是在态度、行动和信念上如何正确处理个人与社会的关系。在全社会大力弘扬奉献精神的根本目的，就是要提高广大人民群众的道德文明素质，调整个人与他人、集体、国家的关系，正确处理某些利益矛盾，改善社会风气，引导人们从历史发展规律的高度认识当前社会，弄清楚人为什么活着才是最高尚、最有意义、最有价值的人生，主动将人民的利益、国家的利益作为评价事物有无价值和价值大小的出发点和重要标准，踔厉奋发、勇毅前行，为全面建设社会主义现代化国家、全面推进中华民族伟大复兴而不懈奋斗。

奋力书写建功新时代的奉献故事

在每一个特定历史时期，奉献精神总是与回答时代发展进程中的新问题联系在一起的。人生的真正价值在于奉献。在全社会大力弘扬奉献精神，正是根据社会主义义利观，要求人们自觉把国家和人民利益放在首位，把个人利益融入国家和人民利益之中，全心全意为国家和人民作贡献。习近平总书记多次强调："中华民族伟大复兴，绝不是轻轻松松、敲锣打鼓就能实现的。"一个政党、一个国家、一个民族的生存发展、需要千千万万个脚踏实地的行动者和默默耕耘的奋斗者。我们这个时代需要千千万万在平凡岗位上扎扎实实做好本职工作，将社会的整体利益和他人的利益放在自己的心上，竭尽全力地为社会、集体和他人服务、乐于奉献的人。在新时代新征程的奋进道路上，越是面临艰巨任务、严峻挑战，越需要无私奉献，越需要呼唤奉献精神。奉献精神往往具有最朴实的价值追求，心有大我、心有大爱、心有责任，方能赤诚奉献。在全社会大力弘扬奉献精神，就是要引导广大人民群众将吃苦在前、享乐在后、克己奉公、多作贡献的要求，内化为识大体、讲奉献的价值追求和行为自觉，以坚定的理想信念和不懈的奋斗姿态，脚踏实地把每件平凡的事做好，书写建功新时代的奉献故事，凝聚起万众一心奋进新征程的强大力量。

（《光明日报》2023 年 5 月 8 日第 6 版）

把提高人民生活品质摆在为民造福突出位置

褚松燕

党的二十大报告提出，增进民生福祉，提高人民生活品质。这体现了以习近平同志为核心的党中央在把握共产党执政规律、社会主义建设规律、人类社会发展规律的基础上，坚定历史自信，增强历史主动，以人民至上的情怀、接续奋斗的战略目标和环环相扣的工作部署，实现中华民族伟大复兴进入了不可逆转的历史进程。新时代新征程，我们要把提高人民生活品质摆在为民造福突出位置，不断实现人民对美好生活的向往，为扎实推进共同富裕打下坚实的物质基础。

从提高"生活水平"到提高"生活品质"体现了党的民生事业重心质的飞跃

党的民生事业重心的转变与不同时期党对社会主要矛盾的战略

判断紧密相连。1981年，党的十一届六中全会指出，"我国所要解决的主要矛盾，是人民日益增长的物质文化需要同落后的社会生产之间的矛盾"。自此，不断提高人民"生活水平""生活质量"就成为满足人民日益增长的物质文化需要的直接要求和表现。到2012年，我国人民生活水平、居民收入水平、社会保障水平迈上一个大台阶，党的十八大报告将"人民生活水平全面提高"作为全面建成小康社会和全面深化改革开放的目标之一，并强调必须以保障和改善民生为重点，提高人民物质文化生活水平。人民日益增长的物质文化需要已经开始转向更为综合的美好生活期待，习近平总书记在十八届中央政治局常委同中外记者见面时就明确宣示，"人民对美好生活的向往，就是我们的奋斗目标"。2015年，党的十八届五中全会进一步把"人民生活水平和质量普遍提高"作为全面建成小康社会新的目标要求之一。2017年，党的十九大报告指出，"中国特色社会主义进入新时代，我国社会主要矛盾已经转化为人民日益增长的美好生活需要和不平衡不充分的发展之间的矛盾""人民美好生活需要日益广泛，不仅对物质文化生活提出了更高要求，而且在民主、法治、公平、正义、安全、环境等方面的要求日益增长"。从此，不断提高人民"生活水平"，开始从党的民生事业全局重心转变为民生福祉的基础部分。2018年4月23日，习近平总书记在主持十九届中央政治局第五次集体学习时提出，"要着眼于满足人民日益增长的美好生活需要，贯彻新发展理念，着力解决发展不平衡不充分的问题，提高发展质量，不断提高人民生活品质、生活品位，让发展成果更多更公平惠及全体人民""不断朝着全体人民共同富裕迈进"。提高"生活品质"作为与提高发展质量齐头并进的任务被提上了日程。2020年党的十九届五中全会把"改

善人民生活品质，提高社会建设水平"列入《中共中央关于制定国民
经济和社会发展第十四个五年规划和二〇三五年远景目标的建议》。
2021 年 2 月 26 日，习近平总书记在主持十九届中央政治局第二十八
次集体学习时进一步明确，"要树立战略眼光，顺应人民对高品质生
活的期待"。

党的二十大报告指出，新时代 10 年来，"我们深入贯彻以人民为
中心的发展思想，在幼有所育、学有所教、劳有所得、病有所医、老
有所养、住有所居、弱有所扶上持续用力，人民生活全方位改善"。
党的民生事业锚定了新征程开局 5 年的战略目标，即"增进民生福祉，
提高人民生活品质"。"生活品质"正式取代"生活水平"，成为党的
民生事业的重心。相较而言，"生活水平"作为人民的物质文化需要
满足情况的概念，是可见可触摸可量化的客观指标能够反映的，而"生
活品质"作为美好生活需要的统领性概念的具象化，在能够用客观指
标衡量的物质文化生活水平基础上，更加强调人民群众的主观感受和
价值评价。人民生活的"品质"取代"水平"，体现了党的民生事业
重心质的飞跃，体现了党始终不忘初心、牢记使命，坚持以人民为中
心的发展思想，始终把实现人民对美好生活的向往作为现代化建设的
出发点和落脚点。

提高人民生活品质，就要从物质富足、精神富有等层面不断实现人民对美好生活的向往，促进人的全面发展

改革开放以来，人民生活水平不断提高的过程是与第一个百年奋
斗目标即到中国共产党成立 100 年时全面建成小康社会这一历史任务

紧密联系在一起的。在这个过程中，特别是党的十八大以来，党团结带领全国各族人民持续用力、共同奋斗，针对民生领域的薄弱环节，采取一系列战略性举措，推进一系列变革性实践，实现一系列突破性进展，取得了一系列标志性成果，人民生活全方位改善。2015年2月，习近平总书记在中央全面深化改革领导小组第十次会议上强调，要把改革方案的含金量充分展示出来，让人民群众有更多获得感；在党的十九大报告中，习近平总书记强调，使人民获得感、幸福感、安全感更加充实、更有保障、更可持续。"获得感、幸福感、安全感"构成了人民美好生活需要的主观感受维度，成为党提升民生事业建设质量的着力点。

从党的十九大到党的二十大，是"两个一百年"奋斗目标的历史交汇期，以习近平同志为核心的党中央一步步明确把提高人民生活品质作为党的民生事业的重心，就是对人民美好生活需要的有效回应。2020年10月29日，习近平总书记在党的十九届五中全会第二次全体会议上指出，"经过几代人接续奋斗，我们即将全面建成小康社会、完成脱贫攻坚任务、实现第一个百年奋斗目标，从明年起将开始向第二个百年奋斗目标进军""我国长期所处的短缺经济和供给不足的状况已经发生根本性改变"。全面建成小康社会，既意味着党的民生事业取得了历史性成就，也意味着党的民生事业有了进一步提升质量的基础。提高人民生活品质由此开始成为党的民生事业的战略重心，成为党在新征程上统领满足"人民对美好生活的向往"的民生工作抓手，成为党在新征程上促进人的全面发展和全体人民共同富裕的新路径。

提高人民生活品质，是党对新时代人民美好生活需要的多样化多层次多方面特点的回应，既包括厚植现代化的物质基础，使人民能够享受到诸如人均可支配收入、住房面积、受教育年限、基本公共服务等可以用数字、数量、布局呈现出来的客观生活水平；也包括大力发展社会主义先进文化，加强理想信念教育，传承中华文明，使人民在享受民生建设成果过程中不断增强获得感、幸福感和安全感等幸福安康的主观生活感受。客观生活水平和主观生活感受两者相辅相成，共同构成完整意义上的人民生活品质。在新时代新征程上，我们发展以提高人民生活品质为重心的民生事业，就要把高质量发展作为全面建设社会主义现代化国家的首要任务来推进，进一步夯实人民幸福生活的物质条件，以社会主义核心价值观为引领，发展社会主义先进文化，弘扬革命文化，传承中华优秀传统文化，进一步丰富人民幸福生活的精神家园，提高全社会文明程度，增强人民精神力量。

提高人民生活品质，就要坚持在发展中保障和改善民生，提升民生建设质量，在共同奋斗中创造美好生活，促进社会全面进步

全党全国各族人民已经迈上全面建设社会主义现代化国家新征程，向第二个百年奋斗目标进军。以习近平同志为核心的党中央把握历史主动，始终坚持以人民为中心的发展思想，站在全面建成社会主义现代化强国"两步走"总的战略安排高度谋划民生事业发展，对新征程开局起步的 5 年设定具体目标，既从感受层面强调人民生活更加幸福美好的主观指标进步空间，又从增长层面强调居民收入、基本公共服务均等化水平、多层次社会保障体系等客观指标进步空间，抓发展与惠民生并举，形成高质量发展与高品质生活的相互促进。

坚持在发展中保障和改善民生，就是要牢牢把握发展是党执政兴

国的第一要务，让发展成果更多更公平地惠及全体人民。这就要求我们完整、准确、全面贯彻新发展理念，加快构建新发展格局，着力推动高质量发展，为人民的美好生活需要提供更为强大的物质基础，实现好、维护好、发展好最广大人民根本利益；紧紧抓住人民最关心最直接最现实的利益问题，尽力而为、量力而行，根据经济发展和财政收入状况，既突出重点，又循序渐进，以更优质的公共服务扎实办好各领域民生实事，为人民的美好生活需要提供更为稳定的心理基础，让人民群众对更好的教育、更稳定的工作、更满意的收入、更可靠的社会保障、更高水平的医疗卫生服务、更舒适的居住条件、更优美的环境、更丰富的精神文化生活等期盼不断得到满足。

坚持在共同奋斗中创造美好生活，就是要在制度、机制、保障等层面形成团结奋斗的社会活力，着力促进全体人民共同富裕，促进社会进步。这就要求我们完善基础性制度，鼓励勤劳致富，促进机会公平，形成共同奋斗的制度激励；以深化民生领域改革来破除体制和政策弊端，使人人都有通过勤奋劳动实现自身发展的机会，形成共同奋斗的社会氛围；以健全社会保障体系来进一步织牢人民生活的安全网和社会运行的稳定器，形成共同奋斗的心理支持；以推进健康中国建设，夯实共同奋斗的共同体基础。我们要深入群众、深入基层，以扎扎实实的调查研究来健全制度、完善机制、强化落实，形成高效运转的民生链，以实实在在的惠民生、暖民心举措，把群众大大小小的事办好，让群众看到变化、得到实惠、尝到幸福。

为民造福是立党为公、执政为民的本质要求。正如习近平总书记所指出的，人民幸福安康是推动高质量发展的最终目的。增进民生福祉，只有比较级，没有最高级；提高人民生活品质，只有进行时，没有完成时。我们要在党的全面领导下，把提高人民生活品质摆在为民造福突出位置，在物质富足、精神富有上下功夫，以民生建设调整社会结构、调动社会活力、调节社会韧性，促进社会全面进步，为全面建设社会主义现代化国家、全面推进中华民族伟大复兴提供磅礴的前进动力。

（《学习时报》2023 年 5 月 5 日第 1 版）

年轻干部要自觉做矢志为民造福的
无私奉献者

陈　朋

　　对幸福生活的追求是推动人类文明进步最持久的力量。习近平总书记在 2024 年春季学期中央党校（国家行政学院）中青年干部培训班开班之际作出重要指示，明确要求年轻干部"要自觉做矢志为民造福的无私奉献者，始终把人民放在心中最高位置，树立和践行正确政绩观，走好新时代党的群众路线，提高做群众工作的本领，用心用情用力解决群众急难愁盼问题，不断增强人民群众的获得感、幸福感、安全感"。这一重要论述既体现出我们党始终如一的人民情怀，也为年轻干部树立践行正确政绩观指明了方向。

　　我们党自成立以来，团结带领人民进行革命、建设、改革，根本目的就是让人民过上好日子，无论面临多大挑战和压力，无论付出多大牺牲和代价，都始终不渝、毫不动摇。视人民为父母的县委书记的好榜样焦裕禄,"绿了荒山,白了头发"的保山地委书记杨善洲,全身心带领干部群众治理风沙的东山县委书记谷文昌,忙碌到生命最后一刻的"樵夫"廖俊波,将年轻生命永远定格在脱贫攻坚战场上的第一书记黄文秀……他们都用生命诠释了共产党人为民造福的毕生追求,彰显了共产党人为民造福的主观自觉和行动取向。这也启示我们,只有以真挚深切的人民情怀全力聚焦群众急难愁盼,为了让群众过上好日子而不懈努力,才能真正赢得人民群众的拥护。

全心全意为人民服务是党的根本宗旨。"我们的目标很宏伟,也很朴素,归根到底就是让老百姓过上更好的日子"。正如习近平总书记所指出的,"世界上最大的幸福莫过于为人民幸福而奋斗"。对于共产党人来讲,党的一切工作都是为老百姓利益着想,让老百姓幸福就是党的事业,把人生理想融入党和人民事业之中,把为人民幸福而奋斗作为自己最大的幸福,才能拥有高尚充实的人生。只要有助于实现人民群众的美好生活,我们就应该朝这方面努力,千方百计为群众排忧解难。年轻干部要时刻把群众安危冷暖放在心上,把人民群众满意不满意、高兴不高兴、答应不答应作为工作的"方向标",在解决群众每一个实际问题、办好群众每一件实事好事中,不断增强获得感和成就感。

为人民幸福而奋斗,需要把准方向,练就过硬本领。习近平总书记强调:"中国共产党把为民办事、为民造福作为最重要的政绩,把为老百姓办了多少好事实事作为检验政绩的重要标准。"为人民幸福而奋斗,说一千道一万,就是要根据群众的需要创造出实实在在的业绩。哪里有人民需要,哪里就能做出好事实事,哪里就能创造业绩。年轻干部要解决好政绩为谁而树这一根本性问题,清醒认识到自己手中的权力、所处的岗位是党和人民赋予的，是为党和人民做事用的，只能用来为人民谋福利。要始终与群众想在一起、干在一起，将心比心、以心换心，坚持到田间地头察民情、从家长里短听民意，真正把力气花在解决群众最关心、最迫切需要解决的问题上，把功夫下在察实情、出实招、办实事、求实效上，努力用自己的"辛苦指数"换来群众的"幸福指数"。

"天地之大，黎元为先。"面向新征程，百姓笑脸有多灿烂，决定着党员干部的奋斗幸福程度有多高。年轻干部要自觉为人民辛苦、忙碌、奉献，以自己的辛勤付出换得群众的幸福生活，就一定能不断创造经得起历史和人民检验的实绩。

（《学习时报》2024 年 3 月 18 日第 1 版）

自觉做矢志为民造福的无私奉献者

刘志刚

为民造福是最大政绩。习近平总书记在 2024 年春季学期中央党校（国家行政学院）中青年干部培训班开班之际作出重要指示强调："要自觉做矢志为民造福的无私奉献者"。年轻干部唯有把人生理想融入党和人民的事业中，把人民放在心中最高位置，为人民幸福而不懈奋斗，才能真正成长为堪当强国建设、民族复兴重任的可靠接班人。

"意莫高于爱民，行莫厚于乐民。"牢牢站稳人民立场，是党员干部矢志为民造福的思想基础。人民是历史的创造者，是决定党和国家前途命运的根本力量。中国共产党是人民的党，是为人民服务的党。年轻干部只有牢记党的性质宗旨、初心使命，充分认识人民的主体地位，深深敬畏人民的力量，对人民怀有真挚的情感，才会有坚如磐石的信念、一往无前的勇气，才会有矢志为民办事、为民造福的强大内驱动力。年轻干部要始终心系群众安危冷暖，同人民群众站在一起、想在一起、干在一起，以为民谋利、为民尽责的实际成效赢得人民的拥护和支持。

"一枝一叶总关情"。解决群众急难愁盼问题，是为民造福最直接的体现，也是最基本的要求。民生无小事，亿万人民的小事，就是我们共产党人的大事。从到社区看看"大家都吃些什么菜"，到走村入户询问"看病有没有保障"，从清洁取暖，到农村改厕，习近平总书记始终把民生的一件件事挂在心头，强调"只要群众对幸福生活的憧憬还没有变成现实，我们就要毫不懈怠团结带领群众一起奋斗"。年轻干部要聚焦让人民生活幸福这一"国之大者"，当好人民群众的知心人、贴心人、领路人，在住房、教育、就业、医疗、养老、托育等人民群众最关心的问题上用心用情用力，务实功、出实招，不断增强人民群众的获得感、幸福感、安全感。

心底无私天地宽。为民造福要求树立和践行正确政绩观，摒弃一切私心杂念，牢记创造业绩的目的是为民谋利，真正把心思和精力放在为党和人民干事创业上。是否真正做到了为民造福，最终要看人民是否真正得到了实惠，人民生活是否真正得到了改善，人民权益是否真正得到了保障。如果重显绩轻潜绩、重面子轻里子，热衷于"造势一时"而不是"造福一方"，就会损害人民群众的根本利益和长远利益。年轻干部要有"功成不必在我、功成必定有我"的胸怀境界，既把眼前的实事做好，也要做打桩铺路的好事，把做显功和做潜功结合起来，久久为功，处理好稳和进、立和破、虚和实、标和本、近和远的关系，不走那种急就章、竭泽而渔、唯 GDP 的道路，把为民造福的工作做扎实、做到位。

20世纪60年代，河南省林县县委在实地调研中了解到群众的需求，认识到"水在林县是天大的事"，决定修渠引水，同时紧紧依靠群众力量，在十分艰苦的条件下开凿了红旗渠，创造了人间奇迹。红旗渠的修建展现了党的群众路线的伟力。走好新时代党的群众路线，不断提高做群众工作的本领，才能把好事实事做到群众心坎上，更好为民造福。年轻干部要落实"四下基层"，做好调查研究，真正摸清摸透民之所想、民之所需、民之所盼，使想出来的点子、举措、方案符合实际情况，解决好民生领域的痛点难点问题。既要做让群众看得见、摸得着、得实惠的实事，也要做为后人作铺垫、打基础、利长远的好事，创造经得起历史和人民检验的实绩。

（《人民日报》2024年4月24日第9版）

第四章

自觉做勇于担当作为的不懈奋斗者

要自觉做勇于担当作为的不懈奋斗者，锐意改革创新，敢于善于斗争，愿挑最重的担子、能啃最硬的骨头、善接烫手的山芋，在直面问题、破解难题中不断打开工作新局面。

自觉做勇于担当作为的不懈奋斗者
——"奋力跑好历史的接力棒"

周人杰

推进中国式现代化，使命光荣、任务艰巨。习近平总书记寄语年轻干部："要自觉做勇于担当作为的不懈奋斗者，锐意改革创新，敢于善于斗争，愿挑最重的担子、能啃最硬的骨头、善接烫手的山芋，在直面问题、破解难题中不断打开工作新局面。"年轻干部要牢记嘱托，当好中国式现代化建设的坚定行动派、实干家，用不懈奋斗绘就青春底色，以勇于担当干出一番事业。

改革创新是事业发展的动力之基、活力之源。中国式现代化是一项前无古人的开创性事业，有许多未知领域，尤其需要在实践中去大胆探索，向改革要动力，向创新要活力。比如，面对加快形成新质生产力这个发展新课题，如何做好改革文章、构建新型生产关系、推动科技创新和制度创新，迫切需要因地制宜寻找新路径，创造可复制、可推广的新鲜经验。年轻干部要从对党和国家事业负责的高度，结合具体实际，发挥自身优势，勇于在前沿实践、未知领域开拓创新，自觉学习运用习近平新时代中国特色社会主义思想，寻求有效解决新矛盾新问题的思路和办法，为党和人民事业发展注入青春动力。

敢于善于斗争，是担当的必然要求。我们共产党人的斗争，从来都是奔着矛盾问题、风险挑战去的，是要通过斗争解决问题、推动发展进步。党员干部既要敢于斗争，有"那么一股子气"；也要善于斗争，有"两把刷子"。实际工作中，个别干部碰到矛盾和难题绕道走，不敢动真碰硬；或是能力水平与治理现代化要求不符，挑不起重担，不能吃劲；甚至有的在重大风险挑战面前底气不足、惊慌失措。年轻干部当引以为戒，矢志培养和保持顽强的斗争精神、坚韧的斗争意志、高超的斗争本领，在直面问题、破解难题中不断打开工作新局面。

干事担事，是干部的职责所在，也是价值所在。"愿挑最重的担子、能啃最硬的骨头、善接烫手的山芋"，"愿"字说的是决心，"能"字说的是本领，"善"字说的是方法，指明的是干事创业的认识论和方法论。不论在哪个岗位、担任什么职务，年轻干部都必须增强为党和人民担苦担难担重担险的思想自觉和行动自觉，在急难险重的任务中扛重活、打硬仗，到基层一线经风雨、见世面，在摸爬滚打中磨出一副宽肩膀、铁肩膀，在层层历练中强壮筋骨，成长为可堪大用、能担重任的栋梁之才。

（《人民日报》2024 年 3 月 29 日第 4 版）

大力发扬担当和斗争精神

谢春涛

在长期艰苦奋斗中，我们党能够不断战胜强大敌人和各种艰难险阻，不断取得伟大胜利和辉煌成就，靠的是一代代共产党人敢于担当、英勇斗争。新征程上，我们肩负使命任务的艰巨性、面对风险挑战的严峻性、进行伟大斗争形势的复杂性前所未有。越是接近中华民族伟大复兴的目标，越要大力发扬担当和斗争精神，矢志不渝推进中国特色社会主义伟大事业，创造属于我们这一代人的历史伟业。

培养无私的品格和无畏的勇气

习近平总书记指出："担当和斗争是一种精神，最需要的是无私的品格和无畏的勇气。"心底无私天地宽。无私者无畏，为公者恒强，无畏者才能担当和斗争。从党的性质宗旨、初心使命来说，中国共产党人之所以能够始终发扬担当和斗争精神，就是因为除了国家、民族、人民的利益，没有任何自己的特殊利益。正是因为公而忘私，才能无所畏惧，敢于斗争、敢于胜利。

马克思、恩格斯在《共产党宣言》中指出："过去的一切运动都是少数人的，或者为少数人谋利益的运动。无产阶级的运动是绝大多数人的，为绝大多数人谋利益的独立的运动。"我们党作为马克思主义政党，能够不断发展壮大，取得一个又一个胜利，就是因为没有任何自己特殊的利益，从来不代表任何利益集团、任何权势团体、任何特权阶层的利益，就是因为始终把人民利益放在最高位置，从而赢得人民的拥护和支持。

中国共产党自成立之日起，就确立了为中国人民谋幸福、为中华民族谋复兴的初心使命。1945 年 6 月，党的七大通过的党章把"为人民群众服务"列入党员义务，并明确指出："中国共产党人必须具有全心全意为中国人民服务的精神"。毛泽东同志在七大闭幕词中讲了愚公移山的故事，要求中国共产党人也要感动上帝："这个上帝不是别人，就是全中国的人民大众。"习近平总书记一再强调"人民至上""以人民为中心"。在庆祝中国共产党成立 100 周年大会上的重要讲话中，习近平总书记指出："中国共产党始终代表最广大人民根本利益，与人民休戚与共、生死相依"。这生动诠释了我们党立党兴党强党的根本出发点和落脚点就是，"为人民而生，因人民而兴，始终同人民在一起，为人民利益而奋斗"。

中国共产党的老一辈革命家，参加革命不是为了追求个人的荣华富贵，而是为了争取民族独立、人民解放和实现国家富强、人民幸福，他们身上充分彰显了无私的品格和无畏的勇气。李大钊、方志敏、夏明翰等烈士为了可爱的中国，不惜牺牲自己的生命；毛泽东同志为革命牺牲 6 位亲人，徐海东同志的家族牺牲 70 多人；朱德同志放弃旧军队的高官厚禄入党，叶剑英同志在大革命失败时与蒋介石决裂，彭湃同志把自家大量土地分给农民……一代代中国共产党人，用行动乃至生命诠释了为国家、为人民而担当和斗争的精神。

习近平总书记为了国家和人民敢于担当和斗争，为全党树立了光辉榜样。习近平总书记对七年知青生活回忆道："我很期盼的一件事，就是让乡亲们饱餐一顿肉，并且经常吃上肉。"党的十八大以来，为了打赢脱贫攻坚战，习近平总书记先后 7 次主持召开中央扶贫工作座谈会，走遍 14 个集中连片特困地区。到 2021 年，现行标准下 9899 万农村贫困人口全部脱贫，我国脱贫攻坚战取得全面胜利，完成了消除绝对贫困的艰巨任务，创造了彪炳史册的人间奇迹。面对突如其来的新冠疫情，习近平总书记主持召开数十次中央政治局常委会和中央政治局会议，因时因势制定重大战略策略，提出"全力以赴救治患者，不遗漏一个感染者，不放弃每一位病患者"。当前，我国在疫情防控和经济发展上都走在世界前列。习近平总书记坚定不移反对和惩治腐败，以"得罪千百人、不负十四亿"的使命担当，坚持无禁区、全覆盖、零容忍，坚持重遏制、强高压、长震慑。

每一名党员入党时都宣誓过："随时准备为党和人民牺牲一切"。以无私品格和无畏勇气发扬担当和斗争精神，对于今天的许多党员干部来说，主要就是多做一些工作、多解决一些棘手问题、多得罪几个人，这与老一辈革命家们的贡献和牺牲相比，实在算不了什么。广大党员干部要牢记党的性质宗旨和初心使命，将担当和斗争看成是很自然的事。只有这样，才符合党员干部的身份。

发扬历史主动精神，敢于负责

习近平总书记指出："担当和斗争是一种责任，敢于负责才叫真担当、真斗争。"如何做到敢于负责？广大党员干部特别是领导干部要发扬历史主动精神，在机遇面前主动出击，不犹豫、不观望；在困难面前迎难而上，不推诿、不逃避；在风险面前积极应对，不畏缩、不躲闪。

中国共产党有着敢于担当和斗争的优良传统。一代代中国共产党人不顾个人安危荣辱，在不同时期特别是重大历史关头，自觉担负起历史使命，敢于斗争、善于斗争，建立了彪炳史册的功业。毛泽东同志等老一辈革命家是敢于负责真担当的典范。抗战胜利后，全国人民要求和平、反对内战。为了给自己调兵遣将、部署内战争取时间，蒋介石三次致电毛泽东同志，邀请他速到重庆"共定大计"。当时，党内一些同志担心毛泽东同志的安全，反对他去重庆，但毛泽东同志不顾个人安危，毅然前往，表明了中国共产党人的和平诚意，使中国共产党关于和平建设新中国的政治主张为全国人民所了解，赢得了民主党派人士和全国人民的理解和支持。

党的十八大以来，习近平总书记以伟大的历史主动精神、巨大的政治勇气、强烈的责任担当，统筹国内国际两个大局，解决了许多长期想解决而没有解决的难题，办成了许多过去想办而没有办成的大事，推动党和国家事业取得历史性成就、发生历史性变革。习近平总书记指出："中华民族伟大复兴，绝不是轻轻松松、敲锣打鼓就能实现的。"面对美国挑起的经贸摩擦，习近平总书记亲自领导应对，有力维护了我国主权、尊严、核心利益，展现了一个大党大国领袖运筹帷幄、指挥若定的领导水平和斗争艺术。在新冠疫情防控的人民战争、总体战、阻击战中，习近平总书记统揽全局、果断决策，为疫情防控取得重大战略成果提供了最根本保证。面对外部势力干预香港事务、"反中乱港"活动猖獗，以习近平同志为核心的党中央保持定力，采取一系列标本兼治的举措，推动香港局势实现由乱到治的重大转折。

100多年来，一代代中国共产党人牢记初心使命，发扬历史主动精神，勇担历史责任，不负国家、不负人民，不负历史、不负时代。我们党的领袖之所以能为党和人民事业发展建立历史功勋，一个重要原因就是牢记自己的使命和责任，对党和人民、对国家和民族敢于负责、真正负责。在实现中华民族伟大复兴的接力跑中，广大党员干部要做到真担当、真斗争，就必须肩负起自己或大或小的责任，履职尽责，跑好自己这一棒。

坚持局部服从全局、自觉为大局担当

习近平总书记指出："担当和斗争是一种格局，坚持局部服从全局、自觉为大局担当更为可贵。"党员干部要胸怀"国之大者"，站在全局和战略的高度想问题、办事情，一切工作都要以贯彻落实党中央决策部署为前提，不能为了局部利益损害全局利益、为了暂时利益损害根本利益和长远利益。

在当今世界林林总总的政党中，像中国共产党这样历经百年依然充满生机活力、取得如此重大成就的政党，很难找到第二个。在长期奋斗历程中，虽然也发生过张国焘分裂红军另立"中央"、犯了严重错误的情况，但绝大多数时间保持了党的团结统一。我们党始终强调和执行严格的纪律，始终维护党中央权威和集中统一领导。党的很多领导人自觉正确处理个人与组织、下级与上级、地方与中央、局部与全局的关系，坚持局部服从全局、自觉为大局担当。

解放战争时期，邓小平同志和刘伯承同志为了战争全局、减轻中央压力，在极端困难条件下，冒着很大的风险千里挺进大别山。邓小平同志后来回忆道：毛主席打了个极秘密的电报给我们，"写的是陕北'甚为困难'。当时我们二话没说，立即复电，半个月后行动，跃进到敌人后方去，直出大别山。实际上不到十天，就开始行动。那时搞无后方作战，困难是可想而知的啊。"1948年1月，党中央发出《关于建立报告制度》的指示。从那时起，一直到新中国建立初期担任西南局书记，邓小平同志坚持向中央写报告，汇报工作情况和体会，请示指导意见，多次受到毛泽东同志表扬，其创造的好经验也被推广到其他地区。

20世纪80年代末，中央组织各部门、各地方开展治理整顿，宁德经济发展受到影响，有干部想不通、有怨言。时任福建省宁德地委书记的习近平同志讲，闽东这个全局只能服从全省乃至全国这个全局。在当前整个宏观经济的调整工作中，如果需要牺牲局部的利益，还是应该乐于承担的。党的十八大以来，习近平总书记将生态文明建设作为关系中华民族永续发展的根本大计，反复强调"绿水青山就是金山银山""生态兴则文明兴，生态衰则文明衰"，开展了一系列根本性、开创性、长远性工作，充分体现了功成不必在我的精神境界和功成必定有我的历史担当。在以习近平同志为核心的党中央坚强领导下，广大党员干部自觉为大局担当，全党全国推动绿色发展的自觉性和主动性显著增强，美丽中国建设迈出重大步伐，我国生态环境保护发生历史性、转折性、全局性变化。

广大党员干部发扬担当和斗争精神，就要深刻领悟"两个确立"的决定性意义，增强"四个意识"，坚定"四个自信"，做到"两个维护"，胸怀"国之大者"，做到多打大算盘、算大账，少打小算盘、算小账，坚持局部服从全局、自觉为大局担当，把自己的工作融入党和国家事业大局，做到既为一域争光、更为全局添彩。

（《人民日报》2022 年 6 月 30 日第 9 版）

敢于斗争　善于斗争

广东省习近平新时代中国特色社会主义思想研究中心

习近平总书记在党的二十大报告中强调："全党同志务必不忘初心、牢记使命，务必谦虚谨慎、艰苦奋斗，务必敢于斗争、善于斗争，坚定历史自信，增强历史主动，谱写新时代中国特色社会主义更加绚丽的华章。"我们党在内忧外患中诞生、在历经磨难中成长、在攻坚克难中壮大，斗争精神贯穿于各个历史时期和全部奋斗实践。新时代新征程，我们必须把握伟大斗争新的历史特点，发扬斗争精神，坚定斗争意志，掌握斗争规律，增强斗争本领，不断夺取新时代伟大斗争的新胜利。

充分认识伟大斗争的长期性复杂性艰巨性

习近平总书记指出："必须勇于进行具有许多新的历史特点的伟大斗争"。"'新的历史特点'这个概念，含义是很深刻的，是全面审视和判断国内国际两个大局发展大势得出的重要判断。"我们要从国内国际两个大局发展大势出发，深刻把握伟大斗争新的历史特点，充分认识伟大斗争的长期性、复杂性、艰巨性。

充分认识长期性。从世情来看，世界百年未有之大变局加速演进，世界之变、时代之变、历史之变正以前所未有的方式展开。从国情来看，我国社会主要矛盾已经转化为人民日益增长的美好生活需要和不平衡不充分的发展之间的矛盾，但我国仍处于并将长期处于社会主义初级阶段的基本国情没有变，我国是世界最大发展中国家的国际地位没有变。解决发展不平衡不充分的问题，不断缩小同世界先进水平的差距，必须进行长期不懈的努力。从党情来看，党面临的执政考验、改革开放考验、市场经济考验、外部环境考验将长期存在，精神懈怠危险、能力不足危险、脱离群众危险、消极腐败危险将长期存在，全面从严治党永远在路上，党的自我革命永远在路上。可见，我们面临的各种斗争不是短期的而是长期的，至少要伴随我们实现第二个百年奋斗目标全过程。

充分认识复杂性。新征程上，我国发展面临新的战略机遇、新的战略任务、新的战略阶段、新的战略要求、新的战略环境，需要应对的风险和挑战、需要解决的矛盾和问题比以往更加错综复杂。党的二十大报告提出："我国改革发展稳定面临不少深层次矛盾躲不开、绕不过，党的建设特别是党风廉政建设和反腐败斗争面临不少顽固性、多发性问题，来自外部的打压遏制随时可能升级。我国发展进入战略机遇和风险挑战并存、不确定难预料因素增多的时期，各种'黑天鹅'、'灰犀牛'事件随时可能发生。"错综复杂的风险和挑战、矛盾和问题对进行伟大斗争提出了更高要求。

充分认识艰巨性。我们比以往任何时候都更接近实现中华民族伟大复兴的目标。但也要认识到，越接近民族复兴越不会一帆风顺，越会充满风险挑战，甚至会遇到难以想象的惊涛骇浪。可以说，我们现在所处的，是一个船到中流浪更急、人到半山路更陡的时候，是一个愈进愈难、愈进愈险而又不进则退、非进不可的时候。我们务必敢于斗争、善于斗争，有效应对重大挑战、抵御重大风险、克服重大阻力、化解重大矛盾、解决重大问题。当危害中国共产党领导和我国社会主义制度，危害我国主权、安全、发展利益，危害我国核心利益和重大原则，危害我国人民根本利益，危害我国实现第二个百年奋斗目标、实现中华民族伟大复兴的各种风险挑战来临时，我们必须敢于出击，敢于碰硬，敢战能胜。

增强进行伟大斗争的信心和底气

"夫战，勇气也。"信心就是勇气，有信心才会有力量。党的二十大报告提出："坚持发扬斗争精神。增强全党全国各族人民的志气、骨气、底气，不信邪、不怕鬼、不怕压，知难而进、迎难而上，统筹发展和安全，全力战胜前进道路上各种困难和挑战，依靠顽强斗争打开事业发展新天地。"今天，面对具有许多新的历史特点的伟大斗争，我们有信心、有底气、有把握赢得伟大斗争新胜利。

信心来自中国共产党的坚强领导。习近平总书记指出："风雨袭来时，党的坚强领导、党中央的权威是最坚实的靠山"。中国共产党是敢于斗争、善于斗争并在斗争中锻炼成长起来的政党。中国共产党的坚强领导是我们战胜一切困难和风险的根本保证。党的百年奋斗史表明，在党的坚强领导下，我们能够克服一切艰难险阻、战胜一切强大敌人。新征程上，我们要深刻领悟"两个确立"的决定性意义，增强"四个意识"、坚定"四个自信"、做到"两个维护"，毫不动摇维护党中央权威和集中统一领导，不断增强党的政治领导力、思想引领力、群众组织力、社会号召力，从容应对各种复杂局面和风险挑战，不断赢得伟大斗争新胜利。

信心来自习近平新时代中国特色社会主义思想的科学指引。理论是行动的先导。理论上清醒，政治上才能坚定，斗争才有底气、有力量。习近平总书记在党的二十大报告中强调："拥有马克思主义科学理论指导是我们党坚定信仰信念、把握历史主动的根本所在。"实践告诉我们，中国共产党为什么能，中国特色社会主义为什么好，归根到底是马克思主义行，是中国化时代化的马克思主义行。新征程上，我们要坚持用习近平新时代中国特色社会主义思想武装头脑、指导实践、推动工作，战胜前进道路上各种风险挑战。

信心来自中国特色社会主义制度的显著优势。制度优势是一个国家的最大优势，制度竞争是国家间最根本的竞争。中国特色社会主义制度是当代中国发展进步的根本制度保障，是具有鲜明中国特色、明显制度优势、强大自我完善能力的先进制度。正是依靠中国特色社会主义制度的显著优势，我们党领导人民创造了经济快速发展和社会长期稳定两大奇迹。新征程上，要坚持发挥中国特色社会主义制度的显著优势，善于运用制度力量应对风险挑战冲击，确保在世界百年未有之大变局中始终立于不败之地，不断从胜利走向胜利。

信心来自全国人民团结奋斗的磅礴伟力。团结奋斗是中国人民创造历史伟业的必由之路。党和人民取得的一切成就都是团结奋斗的结果，团结奋斗是中国共产党和中国人民最显著的精神标识。党的十八大以来，以习近平同志为核心的党中央坚持大团结大联合，团结一切可以团结的力量，调动一切可以调动的积极因素，攻克了许多长期没有解决的难题，办成了许多事关长远的大事要事，党和国家事业取得历史性成就、发生历史性变革。新征程上，只要在党的领导下全国各族人民团结一心、众志成城，敢于斗争、善于斗争，我们就一定能够战胜前进道路上的一切风险挑战，继续创造令人刮目相看的新的奇迹。

不断夺取新时代伟大斗争的新胜利

党的二十大报告提出："注重在重大斗争中磨砺干部，增强干部推动高质量发展本领、服务群众本领、防范化解风险本领"。我们党依靠斗争走到今天，也必然要依靠斗争赢得未来。在全面建设社会主义现代化国家、向第二个百年奋斗目标进军的新征程上，我们必须增强忧患意识，坚持底线思维，坚定斗争意志，增强斗争本领，以正确的战略策略应变局、育新机、开新局，依靠顽强斗争打开事业发展新天地，不断夺取新时代伟大斗争的新胜利。

增强忧患意识，坚持底线思维。这是我们党战胜风险挑战、不断从胜利走向胜利的重要思想方法、工作方法。党的二十大报告提出："我们必须增强忧患意识，坚持底线思维，做到居安思危、未雨绸缪，准备经受风高浪急甚至惊涛骇浪的重大考验。"面对波谲云诡的国际形势、复杂敏感的周边环境、艰巨繁重的改革发展稳定任务，要防患未然，未雨绸缪，宁可把形势想得更复杂一点，把挑战看得更严峻一些，把困难估计得更充分一些，做好应对复杂局面的准备。时刻保持高度警惕，既要高度警惕"黑天鹅"事件，也要防范"灰犀牛"事件；

既要有防范风险的先手，也要有应对和化解风险挑战的高招；既要打好防范和抵御风险的有准备之战，也要打好化险为夷、转危为机的战略主动战。

坚定斗争意志，增强斗争本领。习近平总书记指出："在重大风险、强大对手面前，总想过太平日子、不想斗争是不切实际的，得'软骨病'、患'恐惧症'是无济于事的。"党的二十大报告提出："加强干部斗争精神和斗争本领养成，着力增强防风险、迎挑战、抗打压能力，带头担当作为，做到平常时候看得出来、关键时刻站得出来、危难关头豁得出来。"前进道路上，广大党员干部要坚定斗争意志，敢于直面风险挑战，以坚韧不拔的意志和无私无畏的勇气战胜前进道路上的一切艰难险阻。努力克服能力不足、本领恐慌，积极投身斗争一线，善于在斗争中学会斗争，牢牢掌握斗争主动权，以顽强斗争精神、高超斗争本领，奋力在新的赶考之路上交出优异答卷。

坚定战略自信，保持战略定力。战略问题是一个政党、一个国家的根本性问题。党和人民的事业之所以始终立于不败之地，一个重要原因就在于我们党战略上判断得准确，战略上谋划得科学，战略上赢得主动。前进道路上，我们既要有任凭风浪起、稳坐钓鱼船的战略自信，又要有千磨万击还坚劲、任尔东西南北风的战略定力，做到在各种重大斗争考验面前不畏浮云遮望眼、乱云飞渡仍从容。把战略的坚定性和策略的灵活性结合起来，既善于从战略高度和全局维度思考处理问题，又善于从策略上解难题，灵活调整斗争策略，努力追求斗争实效，不断夺取新时代伟大斗争的新胜利。

（执笔：张　浩）

（《人民日报》2023 年 2 月 1 日第 9 版）

新征程上更好推动和激励干部新担当新作为

全国党建研究会

党的干部是党和国家事业的中坚力量。干部敢于担当作为，既是政治品格，也是从政本分。新征程上，加强对干部的正向激励，充分调动广大干部干事创业积极性主动性创造性，加强对干部全方位管理和经常性监督，防止和纠正干部不作为乱作为，是建设堪当民族复兴重任的高素质干部队伍的重大课题，是全面建设社会主义现代化国家、全面推进中华民族伟大复兴的重要保证。

思想引领：习近平总书记关于激励干部担当作为的重要论述为干部实干担当、拼搏奋斗指明了前进方向、提供了根本遵循

思想是行动的先导。党的十八大以来，习近平总书记高度重视调动和激发干部干事创业积极性主动性创造性，作出一系列重要论述，

为干部实干担当、拼搏奋斗指明了前进方向、提供了根本遵循。关于筑牢干部担当作为的思想根基，习近平总书记指出："干部干事创业要树立正确政绩观，有功成不必在我的精神境界、功成必定有我的历史担当""干事担事，是干部的职责所在，也是价值所在"。针对干部担当作为的时代要求，习近平总书记指出："为了党和人民事业，我们的干部要敢想、敢做、敢当，做我们时代的劲草、真金""党员、干部特别是领导干部要以居安思危的政治清醒、坚如磐石的战略定力、勇于斗争的奋进姿态，敢于闯关夺隘、攻城拔寨"。对于激励干部担当作为的方法路径，习近平总书记围绕"要多选一些在重大斗争中经过磨砺的干部""树立重实干、重实绩的用人导向"等进行了深刻阐释。关于提升干部素质能力，习近平总书记指出："领导干部不仅要有担当的宽肩膀，还得有成事的真本领""各级领导干部要加快知识更新、加强实践锻炼，使专业素养和工作能力跟上时代节拍，避免少知而迷、无知而乱，努力成为做好工作的行家里手"。

习近平总书记关于激励干部担当作为的重要论述，以高远的战略眼光、清晰的理论脉络、严密的实践逻辑，深刻阐明了干部担当作为与事业发展的内在联系，抓住了新形势下影响干部干事创业积极性主动性创造性的关键因素，明确了激励干部担当作为的方法路径，为新时代新征程更好激励干部敢于担当、善于作为提供了根本遵循。

事业感召：党和国家事业大踏步向前发展为干部担当作为提供了广阔舞台

疾风知劲草，烈火见真金。中心任务、大战大考从来都是广大干部勇担当、善作为的试金石、磨刀石。党的十八大以来，以习近平同志为核心的党中央坚持围绕发展所需、事业所需、岗位所需选派干部投身第一线，把脱贫攻坚、疫情防控、推动高质量发展等作为主战场，推动广大干部撸起袖子加油干、风雨无阻向前行，以发展目标定位干部担当坐标、以发展成效评判干部担当实效。

面对脱贫攻坚、全面建成小康社会的历史任务，数百万扶贫干部倾力奉献、苦干实干，1800多名同志将生命定格在脱贫攻坚征程上，为打赢人类历史上规模最大的脱贫攻坚战作出了重大贡献。面对突如其来的新冠疫情，各级干部临危不惧，困难面前豁得出、关键时刻冲得上，最大限度保护了人民生命安全和身体健康，统筹疫情防控和经济社会发展取得重大积极成果。面对高质量发展艰巨任务，广大干部立足质量和效益推动经济持续健康发展，以钉钉子精神担当尽责，依靠顽强斗争打开事业发展新天地。面对人民日益增长的美好生活需要，广大干部牢固树立以人民为中心的发展思想，不断提升为民服务的本领和水平，人民群众获得感、幸福感、安全感更加充实、更有保障、更可持续。

政策激励：逐步构建起一套激励干部担当作为的制度政策体系

政策是指南针和风向标，有什么样的政策取向，就有什么样的干事导向。党的十八大以来，围绕贯彻落实习近平总书记关于激励干部担当作为的重要论述和重要指示要求，中共中央办公厅印发《关于进一步激励广大干部新时代新担当新作为的意见》，中央组织部制定进一步激励干部担当作为9条具体措施，各地各部门坚持问题导向、目标导向，及时出台配套制度，综合施策、持续用力，正向激励效应不断显现。

针对少数干部"心态佛系、精神倦怠不想为"的问题，始终坚持把学深悟透习近平新时代中国特色社会主义思想作为首要任务，健全党委（党组）"第一议题"制度，从新时代党的创新理论中汲取智慧、提振信心、增添力量，推动广大党员干部坚定拥护"两个确立"、坚决做到"两个维护"。针对少数干部"瞻前顾后、患得患失不敢为"的问题，落实新时代好干部标准，大力选拔政治过硬、敢于担当、实绩突出、群众公认的优秀干部。此外，还按照"三个区分开来"要求做好容错纠错工作，为担当者担当、为负责者负责、为干事者撑腰。针对少数干部"能力欠缺、本领恐慌不善为"的问题，突出实战实训精准赋能，有侧重有选择地推进干部培训历练，帮助干部弥补知识弱项、能力短板、经验盲区，增强担当作为的硬核本领。针对少数干部"空喊口号、虚张声势假作为"的问题，认真贯彻执行《中国共产党问责条例》《党政领导干部考核工作条例》等一系列党内法规，把干部担当作为情况作为选人用人专项检查的一项重要内容，加大形式主义、官僚主义专项治理力度，坚决纠正"工作落实在口号上，决心停留在嘴巴上"等问题。针对少数干部"急功近利、盲目决策乱作为"的问题，聚焦规范"关键少数"施政行为，党中央印发《中共中央关于加强对"一把手"和领导班子监督的意见》，中共中央办公厅印发《推进领导干部能上能下规定》，健全完善干部考核机制，引导干部特别是领导干部树立和践行正确政绩观。

组织担当：为鼓励干部干事创业提供坚强后盾、解除后顾之忧

干部越为事业担当，组织越要为干部担当。新形势下，推动和激励干部担当作为，最根本的是要扭住以组织担当激励干部担当这个牛鼻子，坚持正向激励主基调，打好思想引领、崇尚实干、精准赋能、撑腰鼓劲、关心关爱、减负增效、监督问责"组合拳"，让愿担当、敢担当、善担当蔚然成风。

持之以恒为干部担当作为注入强大思想动能。要结合当前正在开展的学习贯彻习近平新时代中国特色社会主义思想主题教育，切实加强党的创新理论武装，把习近平新时代中国特色社会主义思想转化为坚定理想、锤炼党性和指导实践、推动工作的强大力量，突出抓好换届后领导班子思想政治建设，在以学铸魂、以学增智、以学正风、以学促干方面取得实实在在的成效。把习近平总书记关于激励干部担当作为的重要论述，作为各级党委（党组）理论学习中心组的必学内容、各级干部日常学习的重要内容，推动广大干部在系统学习中夯实担当作为的思想根基。

进一步树牢有为者有位的鲜明导向。要落实新时代好干部标准，坚持德配其位、才配其位，坚持事业为上、依事择人、人岗相适。在干部使用上，做深做实政治素质考察，注重向那些身处改革发展主战场、那些经过艰苦吃劲岗位历练、那些长期扎根基层一线的干部倾斜。加强正确政绩观教育，把践行正确政绩观情况作为考核考察的重要内容，深化口碑考察、实绩追溯考察，切实考准考实干部"显绩"和"潜绩"，从思想深处解决好"政绩为谁而树、树什么样的政绩、怎样树

好政绩"的问题。按照《推进领导干部能上能下规定》要求，区分问题的性质、程度、危害，精准适用处理措施，以调整不适宜担任现职干部为重点常态化推进干部能上能下。

精准赋能提升干部推动现代化建设的能力。紧扣党的二十大作出的各项重大战略部署，以制定实施新一轮干部教育培训规划和修订《干部教育培训工作条例》为牵引，聚焦现代化建设重点领域精准开展培训，健全"干中学、学中干"能力提升机制，帮助干部及时填知识空白、补素质短板、强能力弱项。强化专业训练和实践锻炼，探索实施专业干部复合培养，对专业能力较强但管理经验不足的干部，可先从中层岗位开始培养，积累领导经验，在他们处于进取心和创造力的黄金期时委以重任，推动其展现最大作为。

突出加强对重点对象的精准激励。区分不同干部群体对激励担当的个性化诉求，精准施策、有的放矢。有的要更加注重在职务（职级）晋升、先进典型选树等方面畅通渠道、加大力度；有的要更加注重防止"大锅饭"；对年轻干部，应更加注重运用综合激励手段，对看准的苗子敢于打破隐性台阶、大胆使用。

以上率下示范担当、带动担当、引领担当。充分发挥中央和国家机关"第一方阵"示范作用，推动各级领导机关大兴调查研究，打通决策部署直抵基层的渠道，避免因任务指标不合理难落实挫伤基层干部工作积极性主动性。在推进重大改革、重点项目、重要任务中，探索建立上级单位下派联络、协同推进、跟踪指导工作机制，推动形成上下联动、齐抓共推的生动局面，防止和纠正任务指标"一下了之"、考核检查"空中作业"。完善并落实"三重一大"决策监督机制，及时发现和纠正政绩观偏差，对查明属实、造成严重后果的，严肃处理、追责问责。

健全权责对等、相互匹配的工作运行机制。进一步厘清不同层级、部门、岗位之间的权责边界，全面推进党建引领基层治理，解决干部因权责不清造成的不敢为、不能为问题。定期对各类审批、考核、评比、创建以及"一票否决"、责任书（状）等事项进行排查清理，建立健全督查检查考核事项审核准入机制，实实在在减轻基层干部负担。

全方位加强对干部的关心保护。进一步明确干部容错纠错、减责免责情形，准确把握政策尺度，优化容错工作程序。着力构建精准科学的问责操作规范体系，准确把握问责的尺度和范围。关注干部身心健康，确保制度执行到位。

（《人民日报》2023 年 9 月 8 日第 10 版）

把准敢于斗争、善于斗争的"时度效"

靳玉军

习近平总书记在党的二十大报告中要求"全党同志务必不忘初心、牢记使命，务必谦虚谨慎、艰苦奋斗，务必敢于斗争、善于斗争"。务必敢于斗争、善于斗争是基于对世界百年未有之大变局加速演进的深刻洞察对全党提出的时代要求，也是我们坚定历史自信、增强历史主动，谱写新时代中国特色社会主义更加绚丽华章的必然要求。实现伟大梦想，必须进行伟大斗争。立足全面建设社会主义现代化国家和全面推进中华民族伟大复兴的新征程，我们必须清醒认识前进道路上进行伟大斗争的长期性、复杂性、艰巨性，精准研判"时势时机时空"，掌握好"广度尺度力度"，赢得"实效多效长效"，发扬斗争精神，强化斗争历练，提升斗争本领，以踔厉奋发、敢打必胜、勇毅前行的精神风貌和实际行动切实走好新的赶考之路。

精准研判"时势时机时空"

当前，中华民族伟大复兴战略全局与世界百年未有之大变局相互交织、相互激荡。从国际看，百年变局加速演进，世纪疫情影响深远，全球经济复苏乏力，全球性问题层出不穷，单边主义、保护主义、霸权主义给世界和平与发展带来严重威胁，敌对势力对我国进行打压围堵，处心积虑阻滞中华民族伟大复兴历史进程。从国内看，发展不平衡不充分问题仍然突出，推进高质量发展还有许多卡点瓶颈，民生领域还面临不少难题，党风廉政建设和反腐败斗争面临不少顽固性、多发性问题。面对国内外各种重大风险挑战，复杂严峻的斗争环境，中国共产党人正在进行具有许多新的历史特点的伟大斗争。我们的斗争是有方向、有立场、有原则的，不是为了斗争而斗争，也不是为了一己私利而斗争，更不是好勇斗狠、逞强好胜，而是为了实现人民对美好生活的向往、实现中华民族伟大复兴而知重负重、苦干实干、攻坚克难。因此，必须把握好斗争的时势时机时空，因时而动、谋而后动。

一是合乎时势，顺势而为。党的二十大报告提出，我国改革发展稳定面临不少深层次矛盾躲不开、绕不过，党的建设特别是党风廉政建设和反腐败斗争面临不少顽固性、多发性问题，来自外部的打压遏制随时可能升级。我国发展进入战略机遇和风险挑战并存、不确定难预料因素增多的时期，各种"黑天鹅"、"灰犀牛"事件随时可能发生。错综复杂的风险和挑战、矛盾和问题对进行伟大斗争提出了更高要求。斗争的复杂性、多样性、长期性要求我们能够精准把握世情、国情、党情之大势，深刻把握伟大斗争新的历史特点，做到因势而谋、应势而动、顺势而为，审时度势开展伟大斗争。

二是把握时机，乘势追"机"。加强对斗争时机的分析，既要掌握"快"的学问，又要领会"缓"的精髓，确保赢得斗争主动。在一些苗头性、倾向性问题刚刚萌芽之时，能以"快"为先，抓住斗争的最佳时机，能够果断出击，防患于未然。在原则问题上寸步不让，在策略问题上灵活机动，把握大局大势，抓主要矛盾和矛盾的主要方面，分清轻重缓急，科学排兵布阵。戒骄戒躁，保持战略定力，积极地等待解决问题的最佳时机并持之以恒地开展斗争。

三是时空布局，全域覆盖。随着数字化浪潮的奔涌袭来，敢于斗争、善于斗争的阵地由现实场域延伸至虚拟空间，由二维平面空间转向三维立体空间。互联网日益成为意识形态斗争的主阵地、主战场、最前沿。因此，要加强网络管理，弘扬网络主旋律，强化线上互动、线下沟通，科学布局，全域覆盖，共绘网上网下的同心圆。

掌握好"广度尺度力度"

马克思主义哲学认为，度是量变与质变相互转化的关键节点。务必敢于斗争、善于斗争是讲求斗争艺术，把握斗争火候，能够统筹斗争广度、尺度与力度的伟大斗争。

一是准确认识斗争广度。习近平总书记指出："我们共产党人的斗争，从来都是奔着矛盾问题、风险挑战去的。"有矛盾就会有斗争。党的十八大以来，我们党持续推进意识形态领域斗争、反腐败斗争、反民族分裂斗争等，旗帜鲜明地使各项斗争以前所未有的广度、深度、高度推进。当前，我们要清醒地认识到在全面建设社会主义现代化国家的新征程上，我国经济、政治、文化、社会、生态等各领域依旧面临着许多重大挑战、重大风险、重大阻力、重大矛盾，迫切需要我们在极为广泛、纷繁复杂的斗争领域中明确斗争方向、坚定斗争信念。

二是掌控好斗争尺度。把握斗争的合理尺度是讲求斗争艺术的主要内容，也是能否赢得斗争胜利的关键要素。面对许多具有新的历史特点的伟大斗争，要以底线思维贯穿敢于斗争、善于斗争的全程实践，时刻秉承政治底线和纪律红线绝不能触碰的要求和原则，根据斗争形势需要，适时调整斗争策略，注重斗争的灵活性，切实做到把握斗争火候，权衡利弊得失，真正做到善于斗争、张弛有度，同时团结一切可以团结的力量，调动一切积极因素，在斗争中争取团结，在斗争中谋求合作，在斗争中争取共赢。

三是拿捏好斗争力度。党的十八大以来，我们党以"得罪千百人、不负十四亿"的使命持之以恒正风肃纪，开展史无前例的反腐败斗争，刹住了一些长期没有刹住的歪风，纠治了一些多年未除的顽瘴痼疾，管党治党宽松软状况得到根本扭转，全面从严治党取得了历史性、开创性成就，产生了全方位、深层次影响。在斗争过程中要注重刚柔并济、宽严相济，确保刚性的制度规范与柔性的说服教育相统一，不断提升斗争实效。

赢得"实效多效长效"

斗争的长期性、复杂性等问题，决定了斗争的开展方式和解决举措都要持之以恒、久久为功，这也要求务必敢于斗争、善于斗争能够做到统筹把握、持续发力，以取得实效、多效和长效为目标，进而实现善战善成、善始善终。

一是重在取得实效。干实事、谋实招，必能求实效。一方面是增强问题意识，着力解决实际问题。以"乱云飞渡仍从容"的非凡定力永葆斗争志气，砥砺斗争品格，在复杂严峻的斗争中经风雨、见世面、壮筋骨，着力增强推动高质量发展本领、服务群众本领、防范化解风险本领。另一方面，深入贯彻落实习近平总书记关于伟大斗争的重要论述精神，确保前瞻防范、有效应对、着力化解每一场重大风险挑战，切实取得斗争实效。

二是贵在彰显多效。新时代的伟大斗争是全方位、多领域、多层次的，这也意味着斗争的实效不囿于某一局部、某一方面、某一维度，而是具有全局性、多维性与系统性。我们的斗争要奔着矛盾问题、风险挑战去，聚焦实践遇到的新问题、改革发展稳定存在的深层次问题、人民群众急难愁盼问题、国际变局中的重大问题、党的建设面临的突出问题，主动识变应变求变，主动防范化解风险，在破解矛盾问题中推动党和国家事业取得更大进展。

三是旨在巩固长效。中国共产党人依靠高超的斗争智慧和娴熟的斗争技巧，在百余年的伟大斗争中求真务实、脚踏实地、真抓实干，创造出为人民称赞、为各国惊叹的不朽政绩和辉煌伟业。全面建设社会主义现代化国家、实现第二个百年奋斗目标，要求我们建立健全巩固伟大斗争成果的长效工作机制，稳中求进、循序渐进，全力战胜前进道路上的各种困难和挑战，依靠顽强斗争打开事业发展新天地。

（《光明日报》2023 年 5 月 16 日第 6 版）

筑牢思想根基　更好担当作为

李金克

　　在全党深入开展学习贯彻习近平新时代中国特色社会主义思想主题教育，是党中央为全面贯彻党的二十大精神、动员全党同志为完成党的中心任务而团结奋斗所作的重大部署，也是深入推进新时代党的建设新的伟大工程的重大部署。开展这次主题教育，总要求是"学思想、强党性、重实践、建新功"。在主题教育中，党员干部应持续加强理论学习，凝心铸魂筑牢根本，不断夯实坚定拥护"两个确立"、坚决做到"两个维护"的思想根基，把习近平新时代中国特色社会主义思想转化为坚定理想、锤炼党性和指导实践、推动工作的强大力量，努力创造经得起历史和人民检验的实绩。

着力锻造绝对忠诚、绝对可靠的政治品格

忠诚是为政之魂。习近平总书记指出："对党忠诚，是共产党人首要的政治品质。"党的十八大以来，习近平总书记以对党和人民事业的无限忠诚围绕实现中华民族伟大复兴，统揽伟大斗争、伟大工程、伟大事业、伟大梦想，团结带领全党全国人民书写了经济快速发展和社会长期稳定两大奇迹新篇章，经历了对党和人民事业具有重大现实意义和深远历史意义的三件大事。通过主题教育，党员干部要用心用情学习感悟习近平总书记一以贯之为党尽责、为民造福的信念坚守，进一步筑牢信仰之基、补足精神之钙、把稳思想之舵，坚定拥护"两个确立"、坚决做到"两个维护"，牢固树立正确的世界观、人生观和价值观，端正是非观和义利观，锻造绝对忠诚的政治品格，以坚定的理想信念砥砺对党的忠诚之心，永葆对党忠诚的政治本色，自觉做习近平新时代中国特色社会主义思想的坚定信仰者、忠实实践者，确保各项事业始终沿着习近平总书记指引的方向勇毅前行。

着力传承深入群众、真挚淳朴的人民情怀

我们党始终把人民放在最高位置。习近平总书记强调："我们必须把人民利益放在第一位，任何时候任何情况下，与人民群众同呼吸共命运的立场不能变，全心全意为人民服务的宗旨不能忘，坚信群众是真正英雄的历史唯物主义观点不能丢。"在推动脱贫攻坚工作中，习近平总书记 50 多次调研扶贫工作，走遍 14 个集中连片特困地区，

坚持了解真扶贫、扶真贫、脱真贫的实际情况，高度重视调查研究工作，坚定地把历史责任扛在肩上。通过主题教育，党员干部要牢固树立以人民为中心的发展思想，坚持一切为了人民、一切依靠人民，自觉问计于民、问需于民，始终同人民同呼吸、共命运、心连心；认真贯彻党中央关于在全党大兴调查研究的工作方案，坚持党的群众路线，从群众中来、到群众中去，增进同人民群众的感情，真诚倾听群众呼声、真实反映群众愿望、真情关心群众疾苦；着力解决人民群众急难愁盼问题，把惠民生、暖民心、顺民意的工作做到群众心坎上，增强人民群众获得感、幸福感、安全感。

着力锤炼滴水穿石、久久为功的实干精神

政贵有恒，治须有常。习近平总书记指出："只有真抓才能攻坚克难，只有实干才能梦想成真。"党的十八大以来，以习近平同志为核心的党中央立足世界百年未有之大变局和中华民族伟大复兴战略全局，带领全党全国各族人民如期打赢脱贫攻坚战，如期全面建成小康社会，我国人均国内生产总值从 2012 年的 6300 美元提升至 2022 年的 1.27 万美元，人民生活水平迈上一个新的大台阶，我国国际影响力、感召力、塑造力显著提升。通过主题教育，党员干部要紧紧围绕新时代新征程党的中心任务，自觉用习近平新时代中国特色社会主义思想武装头脑、指导实践、推动工作，在深学、细悟、笃行上下功夫，坚持讲实话、出实招、办实事、务实效，大力发扬务实担当、久久为功的实干精神，胸怀"国之大者"，下足"绣花功夫"，真抓实干、务求实效，聚焦问题、知难而进，以时时放心不下的责任感、积极担当作

为的精气神为党和人民履好职、尽好责，以新气象新作为推动高质量发展取得新成效，以更加奋发有为的精神状态贯彻落实好党的二十大各项决策部署，扎扎实实把美好蓝图变为现实，真正让人民群众在我们的实干中得到实惠。

着力践行敢为人先、勇于开拓的创新理念

创新是一个民族进步的灵魂，是国家兴旺发达的不竭动力。习近平总书记在党的二十大报告中强调："紧跟时代步伐，顺应实践发展，以满腔热忱对待一切新生事物，不断拓展认识的广度和深度，敢于说前人没有说过的新话，敢于干前人没有干过的事情，以新的理论指导新的实践。"党的十八大以来，以习近平同志为核心的党中央高度重视增强创新思维，要求全党提高创新思维能力，以思想认识的新飞跃打开工作的新局面。通过主题教育，党员干部要深刻理解和全面把握习近平总书记关于创新的重要论述的核心要义，真正推动创新成为引领发展的第一动力，切实运用创新思维解决发展中的疑难问题，着力增强以高质量发展扎实推进中国式现代化的信心决心，始终把新发展理念贯彻到经济社会发展全过程各领域，加快构建新发展格局，坚定不移推动高质量发展。

着力提升统筹发展、高瞻远瞩的战略思维

战略思维是我们党治国理政的科学思维和重要方法。习近平总书记强调："我们是一个大党，领导的是一个大国，进行的是伟大的事业，

要善于进行战略思维，善于从战略上看问题、想问题。"应把战略的坚定性和策略的灵活性结合起来，既要把方向、抓大事、谋长远，又要抓准抓好工作的切入点和着力点，既算大账总账，又算小账细账。党的十八大以来，以习近平同志为核心的党中央始终坚持战略思维，高质量推进京津冀协同发展、长江经济带发展、粤港澳大湾区建设、长三角区域一体化发展、黄河流域生态保护和高质量发展等区域发展重大战略，深入实施科教兴国战略、人才强国战略、乡村振兴战略等一系列重大战略，为中国式现代化提供坚实战略支撑。通过主题教育，党员干部要进一步强化战略思维，始终围绕中华民族伟大复兴这一历史主题，从历史长河、时代大潮、全球风云中分析演变机理、探究历史规律，持续提升战略思维能力，坚持把眼前需要与长远谋划统一起来，把解决具体问题与解决深层次问题结合起来，把局部利益放在全局利益中把握，坚决扛起使命任务，进一步完整、准确、全面贯彻新发展理念，不断实现更高质量、更有效率、更加公平、更可持续、更为安全的发展，努力创造经得起实践、人民和历史检验的实绩。

着力练就敢于斗争、善于斗争的过硬本领

斗争精神是共产党人与生俱来的政治品质。习近平总书记强调，推进中国式现代化，是一项前无古人的开创性事业，必然会遇到各种可以预料和难以预料的风险挑战、艰难险阻甚至惊涛骇浪，必须增强忧患意识，坚持底线思维，居安思危、未雨绸缪，敢于斗争、善于斗争，通过顽强斗争打开事业发展新天地。党的十八大以来，我们党团结带领全国各族人民从容应对世所罕见、史所罕见的一系列风险挑战，

在斗争中维护国家尊严和核心利益，经受住了来自政治、经济、意识形态、自然界等方面的风险挑战考验，牢牢掌握了我国发展和安全主动权。通过主题教育，党员干部要自觉发扬斗争精神，在敢于斗争中锤炼政治本领，在勇于斗争中成长提高，在善于斗争中增长才干，以斗争姿态走好新的"赶考路"，从国内国际两个大局出发，深刻把握伟大斗争新的历史特点，充分认识伟大斗争的长期性复杂性艰巨性，增强进行伟大斗争的信心和底气，依靠顽强斗争打开事业发展新天地，不断夺取新时代伟大斗争的新胜利。

着力树牢正风肃纪、反腐倡廉的坚强决心

全面从严治党永远在路上。习近平总书记强调："要时刻保持解决大党独有难题的清醒和坚定，勇于自我革命，一刻不停全面从严治党，坚定不移反对腐败，始终保持党的团结统一，确保党永远不变质、不变色、不变味，为强国建设、民族复兴提供坚强保证。"自我革命是先进马克思主义政党的鲜明品格。党的十八大以来，以习近平同志为核心的党中央一刻不停推进党风廉政建设和反腐败斗争，以"得罪千百人，不负十四亿"的使命担当，成功走出了一条依靠制度优势和法治优势反腐败之路。通过主题教育，党员干部要深入贯彻新时代党的建设总要求，以党的政治建设为统领，推进党的各方面建设全面过硬，永葆"赶考"的清醒和坚定；增强纪律意识、规矩意识，持续纠治"四风"，把纠治形式主义、官僚主义摆在更加突出的位置，做到公正用权、依法用权、为民用权、廉洁用权，推动形成清清爽爽的同志关系、规规矩矩的上下级关系、亲清统一的新型政商关系，当好良

好政治生态和社会风气的引领者、营造者、维护者；坚决整治群众身边的腐败和作风问题，一体推进不敢腐、不能腐、不想腐，以伟大自我革命引领伟大社会革命。

（《光明日报》2023 年 5 月 30 日第 6 版）

年轻干部要自觉做勇于担当作为的不懈奋斗者

邓　莉

干部敢于担当作为，这既是政治品格，也是从政本分。习近平总书记在 2024 年春季学期中央党校（国家行政学院）中青年干部培训班开班之际作出重要指示强调，年轻干部"要自觉做勇于担当作为的不懈奋斗者，锐意改革创新，敢于善于斗争，愿挑最重的担子、能啃最硬的骨头、善接烫手的山芋，在直面问题、破解难题中不断打开工作新局面"。这一重要论述既深刻揭示了年轻干部应有的使命意识和担当精神，也为年轻干部如何勇于担当、善于作为指明了方向和路径。

担当是履职之要，是党的干部的必备素质。习近平总书记指出，"担当和作为是一体的，不作为就是不担当，有作为就要有担当。做事总是有风险的。正因为有风险，才需要担当"。一代人有一代人的历史责任，一代人有一代人的使命担当。建成社会主义现代化强国，实现中华民族伟大复兴，是一场接力跑，我们要一棒接着一棒跑下去，每一代人都要为下一代人跑出一个好成绩。改革推进到今天，比认识更重要的是决心，比方法更关键的是担当。勇于担当，体现的是作风和勇气；善于担当，体现的是本领和能力。年轻干部只有在吃苦耐劳中砥砺意志品质，在攻坚克难中锻造过硬本领，在知重负重中强化使命担当，方能肩负起新时代新征程的职责使命，奋力跑好历史的接力棒。

担当作为是一种精神、一种境界、一种情怀。一切难题，只有在实干担当中才能破解。新时代新征程，中华民族伟大复兴的光明前景愈发清晰，但是任务更加艰巨、挑战更加严峻，宏伟目标绝不是轻轻松松、敲锣打鼓就能实现的，迫切需要年轻干部积极回应时代呼唤，坚定理想信念，锻炼本领作风，更加勇于担当、更加奋发有为。

思想是行动的先导，理论是实践的指南，做到勇于担当作为，最根本的是要理想信念坚定。年轻干部要把坚持不懈加强理论武装作为终身课题，认真学习马克思主义基本理论及其中国化时代化最新成果，特别是全面深入系统学习习近平新时代中国特色社会主义思想，学深悟透习近平总书记关于激励干部担当作为的重要论述，多读原著、勤学原文、深悟原理，用以凝心铸魂、补钙壮骨，真正弄懂"为什么担当"的问题，坚定勇于担当作为的政治自觉、思想自觉和行动自觉。始终坚守人民至上的根本政治立场，树牢为民造福的正确政绩观，厚植"万家忧乐到心头"的家国情怀，始终把人民对美好生活的向往作为担当作为的出发点和落脚点，把担责干事当作一种崇高信仰、一种价值追求，牢固树立"一日无为、三日难安"的责任意识，解决好"为谁担当"的问题，做到在其位谋其政，任其职尽其责，为党尽忠、为国尽职、为民尽责。

　　"责重山岳，能者方可当之。"能力过硬、本领高强是党员干部勇于担当作为的底气所在。中国式现代化对干部的能力素质提出了新的更高的要求，很多年轻干部刚走上工作岗位时间不长，面临很多新情况新问题，迫切需要提高履职本领。始终保持本领恐慌的危机感，积极适应新时代、新目标、新部署、新要求，更新知识、拓展能力，着力提高推动高质量发展本领、服务群众本领、防范化解风险本领，自觉更新思想观念、补齐素质短板、提升能力弱项。主动强化基层实践锻炼，积极投身改革发展稳定第一线，到重大任务重大斗争最前沿，到艰苦复杂地方和关键吃劲岗位去磨炼，在经风雨、见世面中壮筋骨、长才干，练就"硬脊梁""铁肩膀""真本事"，为更好地担当作为打下坚实基础、积蓄更强能量。

　　犯其至难，方能图其至远。年轻干部要积极发扬越是艰险越向前的勇气，涵养滴水穿石的毅力、积跬步以至千里的韧劲，增强斗争精神、提高斗争本领，敢于直面问题，勇于挑重担、打硬仗，敢啃最硬的骨头、善接烫手的山芋，聚焦转型最突出的"瓶颈"、发展最脆弱的"短板"、群众最渴望的"红利"，在关键时刻、危急关头、重大任务前站得出来、豁得出来、顶得上去，在大战大考中践行初心使命、彰显担当作为。

（《学习时报》2024 年 3 月 30 日第 1 版）

自觉做勇于担当作为的不懈奋斗者

王宇燕

习近平总书记在 2024 年春季学期中央党校（国家行政学院）中青年干部培训班开班之际作出重要指示，强调年轻干部要自觉做"党的创新理论的笃信笃行者、对党忠诚老实的模范践行者、矢志为民造福的无私奉献者、勇于担当作为的不懈奋斗者、良好政治生态的有力促进者"。这既是对年轻干部的殷殷嘱托，也是对广大党员干部的明确要求。时代呼唤担当，使命引领作为。我们要深学细悟习近平总书记的重要指示，用心领会担当的要义、准确把握担当的重点、努力提升担当的本领，自觉做勇于担当作为的不懈奋斗者。

深入学习领会习近平总书记重要论述，切实增强担当作为的使命感责任感紧迫感

习近平总书记始终高度重视干部担当作为问题，党的十八大以来，

着眼党和国家事业发展全局，作出一系列重要论述，鲜明回答了"为什么要担当作为、怎样能够担当作为"这一重大时代命题，为党员干部在新时代新征程上奋勇争先、干事创业提供了根本遵循。

深刻认识和把握干部担当作为的重大意义。立足党的初心使命，习近平总书记指出，中国共产党执政的唯一选择就是为人民群众做好事，为人民群众幸福生活拼搏、奉献、服务，这种执着追求100多年来从未改变。立足党的事业发展，习近平总书记强调，新时代的伟大成就是党和人民一道拼出来、干出来、奋斗出来的；唯有始终保持锐意进取、敢为人先、迎难而上的奋斗姿态，积极担当作为、敢于善于斗争，才能胜利推进强国建设、民族复兴的历史伟业。立足干部的职责要求，习近平总书记指出，干部敢于担当作为，这既是政治品格，也是从政本分；干事担事，是干部的职责所在，也是价值所在。这些重要论述阐明了干部担当作为的价值逻辑、历史逻辑、现实逻辑，必须以强烈的历史主动精神，坚定扛起强国建设、民族复兴的历史重任。

深刻认识和把握干部担当作为的基本内涵。习近平总书记在多个重要场合反复强调并阐释"五个敢于"的重要论断，强调面对大是大非敢于亮剑，时刻绷紧旗帜鲜明讲政治这根弦，在大是大非面前、在政治原则问题上做到头脑特别清醒、立场特别坚定，决不拿党的原则做交易。强调面对矛盾敢于迎难而上，只有豁得出去、敢闯敢干，下定"明知山有虎，偏向虎山行"的决心，真刀真枪干，矛盾和困难才可能得到解决。强调面对危机敢于挺身而出，保持只争朝夕、奋发有为的奋斗姿态和越是艰险越向前的斗争精神。强调面对失误敢于承担责任，强化责任意识，知责于心、担责于身、履责于行，敢于直面问题，不回避矛盾，不掩盖问题。强调面对歪风邪气敢于坚决斗争，有秉公办事、铁面无私的精神，讲原则不讲面子、讲党性不徇私情。这"五个敢于"既是对新时代共产党人担当作为内涵的生动诠释，也是对干部积极干事创业的具体要求，体现了担当作为应有的精神状态，必须自觉落实到履职尽责的实际行动中。

深刻认识和把握干部担当作为存在的突出问题。习近平总书记指出，现在广大党员、干部的能力素质和精神状态是好的，但也要清醒看到，干部队伍中不愿担当、不敢担当、不善担当的问题还比较突出。在不作为方面，有的做"老好人""太平官""墙头草"，存在拈轻怕重、敷衍塞责、得过且过等消极现象。在不敢为方面，有的遇到矛盾惊慌失措，遇见斗争直打摆子；有的顾虑"洗碗越多，摔碗越多""为了不出事，宁可不干事"。在不善为方面，有的干事热情很高，但缺乏科学精神、求实态度，结果不仅没有出业绩，反而带来了一堆问题。在乱作为方面，有的重显绩轻潜绩、重面子轻里子，好大喜功、急功近利，热衷于打造领导"可视范围"内的项目工程。对于习近平总书记点出的问题表现，必须本着有则改之、无则加勉的态度，经常对照反思、自警自省，增强愿为、敢为、善为的责任担当。

深刻认识和把握干部担当作为的现实路径。习近平总书记不仅阐明了担当作为"怎么看"，还指明了担当作为要"怎么办"。围绕增强担当作为动力，强调要善于从党的创新理论中汲取踔厉奋发、勇毅前行的精神动力，坚定历史自信、锤炼斗争本领。围绕提高担当作为能力，强调要加快知识更新、加强实践锻炼，使专业素养和工作能力跟上时代节拍。围绕激发担当作为活力，强调要建立健全干部担当作为的激励和保护机制，切实为勇于负责的干部负责、为勇于担当的干部担当、为敢抓敢管的干部撑腰。围绕压实担当作为责任，强调要建立责任追究制度，坚持有权必有责、有责要担当、失责必追究。落实这些重要要求，必须增强靠前担当的意识、练就堪当重任的本领，依靠实干打开事业发展新局面。

紧扣推进中国式现代化生动实践，准确把握干部担当作为的重点要求

近年来，山东坚定落实习近平总书记重要指示要求，锚定"走在前、开新局"，在全国经济发展大局中扛起了经济大省的挑大梁责任。当前，全省上下正聚焦加快现代化强省建设，以建设绿色低碳高质量发展先行区为总抓手，深入实施"三个十大"行动，着力塑造"十个新优势"，扎实推进中国式现代化山东实践，迫切需要各级干部展现新担当新作为。

在坚定拥护"两个确立"、坚决做到"两个维护"上展现新担当新作为。牢牢把握坚定拥护"两个确立"、坚决做到"两个维护"这一根本原则，时时处处对标对表，把准推进中国式现代化建设的正确政治方向。不断提高政治判断力，以国家政治安全为大、以人民为重、以坚持和发展中国特色社会主义为本，科学把握形势变化，增强政治敏锐性和政治鉴别力，始终在重大问题和关键环节上头脑特别清醒、眼睛特别明亮。不断提高政治领悟力，深入学习领会习近平新时代中国特色社会主义思想，坚持用以分析形势、推动工作，始终同以习近平同志为核心的党中央保持高度一致。对党中央赋予的重大任务，都自觉从"国之大者"、党之大计的政治高度来领悟、来推进。不断提高政治执行力，坚决维护党中央权威和集中统一领导，切实做到党中央

提倡的坚决响应，党中央决定的坚决执行，党中央禁止的坚决不做，自觉把习近平总书记的重要指示要求作为做好工作的根本指针，切实转化为推动现代化建设的实际行动。

在推动高质量发展上展现新担当新作为。切实扛牢高质量发展这一首要任务，找准定位、积极作为，在中国式现代化建设中勇创新路。坚持完整、准确、全面贯彻新发展理念，将其作为推动高质量发展的科学指引，坚决破除唯 GDP 的路径依赖，决不走以资源换发展、以污染换发展的老路。坚持因地制宜发展新质生产力，发挥资源禀赋、产业基础、科研条件等方面优势，聚焦推进传统产业升级、新兴产业壮大、未来产业培育，加大探索创新力度，推动高质量发展提质增效。坚持更好统筹发展和安全，牢固树立安全重于泰山的理念，增强"一失万无"的底线思维，把各种风险研判在前，把各项工作抓细抓实，守牢"一排底线"，确保"万无一失"。

在造福人民群众上展现新担当新作为。始终坚守让人民过上幸福生活这一价值追求，扎扎实实为民办事、为民造福，让现代化建设成果更好惠及群众。心里始终装着群众，时刻以百姓心为心，把群众放在心中最高位置，始终同群众站在一起、想在一起、干在一起。积极组织发动群众，坚持从群众中来、到群众中去，既"带着"群众干，又"带动"群众干，做群众愿意跟着跑的"火车头"，形成干事创业的合力。主动解决群众难题，把改善和保障民生作为一切工作的出发点和落脚点，积极顺应群众所思所想，立足本职本能，用心用情解决好急难愁盼问题，在干实事、办好事中让群众看到变化、得到实惠。

在践行正确政绩观上展现新担当新作为。自觉坚持"真干才能真出业绩、出真业绩"这一行动遵循，真抓实干、务求实效，作出实实在在的成绩。坚持稳扎稳打、踏踏实实，突出"稳"的节奏，贯穿"实"的要求，更好掌握章法、把控时效，使每项工作都做到稳中求进、以进促稳、先立后破。坚持实事求是、遵循规律，深刻理解实事求是的科学含义和精神实质，深刻把握事物发展规律，始终按实事求是的要求办事。坚持绵绵用力、久久为功，用足够毅力去做好每一件事情，以"功成不必在我"的精神境界和"功成必定有我"的历史担当，创造经得起历史检验的实绩。

在落实全面从严治党要求上展现新担当新作为。坚决落实"全面从严治党永远在路上，党的自我革命永远在路上"这一战略要求，自重自省、守正清廉，以自身清、自身正、自身硬推动营造良好政治生态。做到心有所畏，牢记清廉是福、贪欲是祸的道理，经常对照党的理论和路线方针政策、对照党章党规党纪、对照初心使命，时刻绷紧拒腐防变这根弦，以内无妄思保证外无妄动。做到言有所戒，坚持在党爱党、在党言党、在党忧党、在党为党，违背原则的话不说，有碍大局的话不说，不利团结的话不说，不负责任的话不说，坚决防止"低级红""高级黑"。做到行有所止，谨记权为民所用的道理，增强自制力，严守法纪规矩，严格家教家风，任何时候、任何情况下都不放纵、不越轨、不逾矩。

主动加强学习历练，努力提高担当作为的能力本领

干部担当作为，既要有干事之心，更要有成事之能。党员干部应当带头勤学苦练、努力增长才干，在常修常炼、常悟常进中不断完善自己、提高自己，全面提升履职尽责、担当作为的能力本领。

坚持不懈用党的创新理论凝心铸魂、固本培元。把学好用好习近平新时代中国特色社会主义思想作为首要政治任务，全面提升与推进中国式现代化相适应的政治能力、领导能力、工作能力。努力学出对党的绝对忠诚，在深化内化转化上下功夫，深刻领悟"两个确立"的决定性意义，持续激发担当作为内生动力，切实转化为忠于党、忠于人民、忠于党的事业的政治执行力。努力学出高度的政治站位，跟进学习习近平总书记最新重要讲话和重要指示批示精神，关注习近平总书记和党中央在关心什么、强调什么，明确担当作为的方向，增强把握大局大势的能力。努力学出科学的思维能力，深入领会习近平总书记治国理政中蕴含的政治智慧，不断增强担当作为的战略思维、历史思维、辩证思维、系统思维、创新思维、法治思维、底线思维能力，提升把握工作规律的能力本领。

持续强化实践锻炼、一线磨练。坚持在学中干、干中学，把扛重活、打硬仗作为锻炼成长、锤炼本领的基本途径。愿挑最重的担子，对于责任重大、艰巨繁重的工作任务，靠前一步主动承担，勇于到高质量发展的前沿一线、重点领域摔打自己，在知重负重中磨砺干事成事的硬功夫。能啃最硬的骨头，对于发展中的难点堵点痛点问题，事不避难、义不逃责，顶住压力向前冲、迎着困难往前走，在攻坚克难中练就担当作为的真本事。善接烫手的山芋，对于历史遗留、风险性大的棘手问题，保持临危不惧、遇险不慌、逢难不惊的定力，在多当几回"热锅上的蚂蚁"中提高应对复杂局面的能力。

自觉运用科学策略、正确方法。学习掌握科学的思想方法、工作方法，及时总结实践中探索的新经验新打法，着力提升工作科学化规范化水平。坚持谋定而后动，大兴调查研究，全面落实"四下基层"

制度，切实把上级政策学清楚、把工作现状搞清楚、把基层情况摸清楚，加强科学论证和研判分析，在谋深、谋细、谋实中提升担当作为的能力素养。坚持系统观念，突出"抓具体、具体抓""抓系统、系统抓"，把握好全局和局部、当前和长远、宏观和微观、特殊和一般的关系，不断提高统筹协同、担当干事的能力水平。坚持问题导向，深入分析工作中面临的最突出、最重大、最迫切的挑战，找准突破短板弱项的着力点和切入点，以问题解决提升履职担当的实际本领。

始终保持优良传统、过硬作风。大力弘扬党的光荣传统，涵养求真务实、真抓实干的优良作风，不断提振担当作为的精气神。强化事争一流的作风，放宽视野、打开格局，主动寻标对标，每项工作都着眼追求最高水平、力求做到最好，增强高标准、高质量推动工作的能力水平。强化狠抓落实的作风，将不折不扣抓落实、雷厉风行抓落实、求真务实抓落实、敢作善为抓落实作为担当作为的总要求，完善推动工作落实的闭环机制，当好推进事业发展的执行者、行动派、实干家，把"时时放心不下"的责任感转化为"事事心中有底"的行动力。强化极端负责的作风，把工作放在心上、把心放在工作上，凡事做到守土有责、守土负责、守土尽责，在做好每项具体工作中提高精益求精、精耕细作的能力本领。

（《学习时报》2024 年 4 月 1 日第 1 版）

观　点

自觉做勇于担当作为的不懈奋斗者

欧阳奇

干事担事，是干部的职责所在，也是价值所在。习近平总书记在2024年春季学期中央党校（国家行政学院）中青年干部培训班开班之际作出重要指示，对年轻干部提出明确要求，强调"要自觉做勇于担当作为的不懈奋斗者"，为年轻干部勇于担当作为、顽强拼搏进取指明了努力方向、提供了根本遵循。

回望我们党100多年的发展历程，为了民族独立和人民解放无数革命先烈舍生取义，为了国家富强和人民幸福无数党员干部牺牲奉献，他们经千难而百折不挠、历万险而矢志不渝，靠着不懈奋斗书写了气壮山河的恢宏史诗。何功伟为实现救国愿景慷慨就义，写就了"纵刀锯斧钺加诸头项"、献身真理之心"亦万不可动"的英勇；焦裕禄身患重疾仍带领干部群众治理"三害"，以"革命者要在困难面前逞英雄"的铮铮誓言感召着无数后来者；廖俊波敢闯敢试、敢担风险，"认准的事，背着石头上山也要干"，用惠民利民的苦干实干，留下"政和质量""俊波速度"的佳话……历史与实践充分证明，干部有多大担当就能干多大事业，尽多大责任就会有多大成就，勇于担当作为，才能守好初心、担好使命。

能否勇于担当、敢于负责，最能看出一个干部的党性和作风。担当是一种责任、一种精神、一种情怀，需要无我的境界、无私的品格。一切难题，只有在担当作为中才能破解。敢于担当者，不是坐而论道的清谈客，而是起而行之的实干家，平常时候看得出来、关键时刻站得出来、危急关头豁得出来；有心怀"国之大者"的高瞻远瞩、"多打大算盘、算大账"的战略眼光、"时时放心不下"的责任感，始终为人民谋利、为全局添彩。要坚决抵制"只想当官不想干事""不求有功但求无过"，把使命放在心上，把责任扛在肩上，勇于挑重担子、啃硬骨头、接烫手山芋，始终保持干事创业的使命感和紧迫感。

当前，很多勇于担当作为、能为敢为善为的党员干部奋斗在改革发展最前沿，他们通过自己的不懈奋斗创造了经得起实践、人民、历史检验的业绩。同时也要看到，个别党员干部面对急难险重任务不敢干，风险面前不敢闯，表态多调门高、行动少落实差的现象仍不同程度存在。出现这种推脱躲绕的不担当行为，既有党员干部党性修养不够的问题，也有知识欠缺、能力不足、本领不强导致"不会干""干不了"的问题。干部是将宏伟蓝图落地落实的关键，既要有责任担当之勇，又要有破解难题之智。党员干部要在繁忙工作之余，多用一些时间静心学习、深入思考，及时更新思想观念、优化知识结构、补齐素质短板。要在游泳中学会游泳、在斗争中学会斗争，练就过硬本领、掌握科学方法，不断提高履职能力，做到德可配位、才可适岗。

知责任者，大丈夫之始也；行责任者，大丈夫之终也。当前，我国正经历着人类历史上最为宏大而独特的实践创新，社会发展日新月异。同时，外部环境愈加复杂，风险挑战更趋严峻。能否不懈努力、永久奋斗，最能体现境界，最能看出担当。年轻干部要善于洞察时与势、判断危与机、权衡利与弊，保持知重负重、攻坚克难的韧劲，以"咬定青山不放松"的定力、"一张蓝图绘到底"的坚毅，把党中央各项决策部署抓实抓细抓落地，不断开创新局面、展现新气象、实现新作为。

（《人民日报》2024年4月25日第9版）

第五章

自觉做良好政治生态的
有力促进者

要自觉做良好政治生态的有力促进者，发扬彻底的自我革命精神，节俭朴素、谦逊低调，坚决反对形式主义、官僚主义，坚决反对特权思想和特权行为，永葆共产党人清正廉洁的政治本色。

自觉做良好政治生态的有力促进者
——"奋力跑好历史的接力棒"

李洪兴

良好政治生态是涵养党的优良传统和作风的土壤，是党的生机活力的源泉。政治生态好，人心就顺、正气就足。习近平总书记勉励年轻干部："要自觉做良好政治生态的有力促进者，发扬彻底的自我革命精神，节俭朴素、谦逊低调，坚决反对形式主义、官僚主义，坚决反对特权思想和特权行为，永葆共产党人清正廉洁的政治本色。"年轻干部要把有关要求坚决贯彻落实到实际行动上，为营造风清气正的良好政治生态贡献力量。

谋事以实，大兴务实之风。在福建省东山县，谷文昌率领群众连年种植木麻黄，改变了风沙肆虐的恶劣环境。老百姓说：见到木麻黄，想起谷文昌。在云南省施甸县大亮山，杨善洲用20多年造就莽莽林海惠及群众。老百姓称，大亮山林场是一笔"绿色存款"。每一项事业，不论大小，都是靠脚踏实地、一点一滴干出来的。作为年轻干部，要坚持以党性立身做事，把说老实话、办老实事、做老实人作为党性修养和锻炼的重要内容。不好高骛远、不脱离实际，力戒形式主义、官僚主义，切实提高解决实际问题能力，才能更好肩负起新时代的职责和使命。

为官以清，弘扬清廉之风。公生明，廉生威，自身硬首先要自身廉。时常经手大笔钱款、连5分钱公款都在账面记清的彭雪枫，经手无数项目、从不利用权力地位为自己和亲属谋取私利的廖俊波，皆是做人为官、修身立德的典范。利益攸关如何取舍，原则和人情怎样处理，选择关口见党性，衡量党性强弱的根本尺子是公、私二字。只有一心为民、克己奉公，才会有正确的权力观、政绩观、事业观；只有公正用权、廉洁用权，才能不徇私谋利、不假公济私、不贪赃枉法。勤掸"思想尘"、多思"贪欲害"、常破"心中贼"，明确什么事情该做、什么事情不能做，就可以在任何时候都稳得住心神、管得住行为、守得住清白。

做人以正，养成俭朴之风。"俭，德之共也；侈，恶之大也。"奢靡享乐不仅浪费资源，更会腐蚀人的心灵、消磨人的意志。节俭朴素，力戒奢靡，是我们党的传家宝。保持严肃的生活作风、培养健康的生活情趣，才能不断净化社交圈、生活圈、朋友圈。年轻干部要弘扬艰苦奋斗的光荣传统，做人节俭朴素、谦逊低调，做事勇挑重担、苦干实干，以一往无前的奋斗姿态和永不懈怠的精神状态，在新时代新征程中留下许党报国的奋斗足迹。

共产党人为的是大公、守的是大义、求的是大我，理应当好清风正气的促进者、维护者、示范者。始终把党和人民放在心中最高位置，做一个一心为公、一身正气、一尘不染的人，定能不负时代、不负韶华，奋力跑好历史的接力棒。

（《人民日报》2024 年 4 月 1 日第 4 版）

学深悟透习近平总书记关于党的自我革命的重要思想

中央党校（国家行政学院）习近平新时代中国特色社会主义思想研究中心

　　党的十八大以来，习近平总书记带领全党以前所未有的决心力度推进全面从严治党，创造性提出一系列具有原创性、标志性的新理念新思想新战略，形成习近平总书记关于党的自我革命的重要思想。习近平总书记在二十届中央纪委三次全会上的重要讲话，深刻阐述党的自我革命的重要思想，科学回答我们党为什么要自我革命、为什么能自我革命、怎样推进自我革命等重大问题，明确提出"九个以"的实践要求。新时代新征程，深入推进党的自我革命，必须学深悟透习近平总书记关于党的自我革命的重要思想，深入把握这一重要思想的重大意义、回答的重大问题、提出的实践要求、蕴含的道理学理哲理，及时转化为具体政策、具体任务、具体措施。

深入把握习近平总书记关于党的自我革命的重要思想的重大意义

习近平总书记指出："勇于自我革命，是我们党最鲜明的品格，也是我们党最大的优势。"正是因为具有勇于自我革命这一政治品格，我们党才能穿越百年风风雨雨，多次在危难之际重新奋起、失误之后拨乱反正，成为打不倒、压不垮的马克思主义政党。新时代以来，在以习近平同志为核心的党中央坚强领导下，全党时刻保持解决大党独有难题的清醒和坚定，把全面从严治党作为新时代党的建设的鲜明主题，坚持全面从严治党永远在路上、党的自我革命永远在路上，不断深化对党的自我革命的规律性认识，形成了习近平总书记关于党的自我革命的重要思想。

这一重要思想是我们党坚持把马克思主义基本原理同中国具体实际相结合、同中华优秀传统文化相结合推进理论创新取得的新成果，是习近平新时代中国特色社会主义思想的新篇章，标志着我们党对马克思主义政党建设规律、共产党执政规律的认识达到新高度。这一重要思想凝结了新时代全面从严治党丰富实践经验和重要理论成果，凝聚了全党高度共识，为新时代新征程深入推进全面从严治党、党风廉政建设和反腐败斗争提供了根本遵循，为做好新征程纪检监察工作提供了强大思想武器和科学行动指南。

深入把握习近平总书记关于党的自我革命的重要思想回答的重大问题

习近平总书记指出："我们党作为世界上最大的马克思主义执政党，如何成功跳出治乱兴衰历史周期率、确保党永远不变质不变色不变味？这是摆在全党同志面前的一个战略性问题。"习近平总书记关于党的自我革命的重要思想，站在统筹中华民族伟大复兴战略全局和世界百年未有之大变局的高度，科学回答关于党的自我革命的三个重大问题。这一重要思想高瞻远瞩、视野宏阔、思想深邃、内涵丰富，充分彰显了我们党自我净化、自我完善、自我革新、自我提高的高度自觉。

这一重要思想科学回答了我们党"为什么要自我革命"的重大问题，指明了确保全党永葆初心、担当使命的根本任务。马克思、恩格斯在《共产党宣言》中庄严宣告："过去的一切运动都是少数人的，或者为少数人谋利益的运动。无产阶级的运动是绝大多数人的，为绝大多数人谋利益的独立的运动。"我们党是用马克思主义武装起来的政党，始终把为中国人民谋幸福、为中华民族谋复兴作为自己的初心和使命，并一以贯之体现到党的全部奋斗之中。党的初心和使命是党的性质宗旨、理想信念、奋斗目标的集中体现，越是长期执政，越不能丢掉马克思主义政党的本色，越不能忘记党的初心使命，越不能丧失自我革命精神。

这一重要思想科学回答了我们党"为什么能自我革命"的重大问题，坚定了全党用好"第二个答案"、解决大党独有难题的信心决心。

自我监督是世界性难题，是国家治理的哥德巴赫猜想。习近平总书记指出："我们要通过行动回答'窑洞之问'，练就中国共产党人自我净化的'绝世武功'。"新时代以来，我们党坚定不移推进全面从严治党这一新时代党的自我革命的伟大实践，不断深化实践探索和理论思考，在毛泽东同志当年给出"让人民来监督政府"的第一个答案基础上，给出了第二个答案，这就是不断推进党的自我革命。今天，我们党自我净化、自我完善、自我革新、自我提高能力显著增强，开辟了百年大党自我革命的新境界，充分证明我们党完全有能力解决自身存在的问题。

这一重要思想科学回答了我们党"怎样推进自我革命"的重大问题，展现了党永葆生机活力、走好新的赶考之路的光明前景。党始终保持蓬勃生机和旺盛活力、走好全面建设社会主义现代化国家新的赶考之路，离不开全面从严治党这条必由之路，也离不开永远在路上的党的自我革命。习近平总书记对深入推进党的自我革命提出"九个以"的实践要求，为我们在新时代新征程上不断深化对党的自我革命的规律性认识，把党的自我革命的思路举措搞得更加严密，把每条战线、每个环节的自我革命抓具体、抓深入指明了前进方向，提供了根本遵循。

深入把握习近平总书记关于党的自我革命的重要思想提出的实践要求

习近平总书记提出的"九个以"的实践要求，是我们在深入推进党的自我革命实践中需要把握好的九个问题。学深悟透习近平总书记关于党的自我革命的重要思想，要坚持解放思想、实事求是、与时俱进、守正创新，将实践要求真正在实践中落细落实。

以坚持党中央集中统一领导为根本保证，要求我们深入推进党的自我革命，必须在党中央集中统一领导下统一谋划、统一部署、统一推进，确保党的自我革命始终保持正确前进方向。以引领伟大社会革命为根本目的，要求我们深入推进党的自我革命，必须紧紧围绕以中国式现代化全面推进强国建设、民族复兴伟业，使党的自我革命更好服从服务于党的中心任务。以习近平新时代中国特色社会主义思想为根本遵循，要求我们深入推进党的自我革命，必须坚持不懈用党的创新理论武装全党，不断提高党的自我革命的坚定性、科学性、有效性。以跳出历史周期率为战略目标，要求我们深入推进党的自我革命，必须及时清除侵蚀党的健康肌体的病毒，及时消除损害党的执政根基的各种隐患，不断巩固党的长期执政地位。以解决大党独有难题为主攻方向，要求我们深入推进党的自我革命，必须紧紧围绕"六个如何始终"，标本兼治、综合施策、协同发力、锲而不舍、久久为功，在不断解决大党独有难题中彰显大党优势。以健全全面从严治党体系为有效途径，要求我们深入推进党的自我革命，必须坚持内容上全涵盖、对象上全覆盖、责任上全链条、制度上全贯通，进一步形成依靠党的自身力量发现问题、纠正偏差、推动创新、实现执政能力整体性提升的良性循环。以锻造坚强组织、建设过硬队伍为重要着力点，要求我们深入推进党的自我革命，必须推动各级党组织全面进步、全面过硬，使广大党员干部做到忠诚干净担当。以正风肃纪反腐为重要抓手，要求我们深入推进党的自我革命，必须始终坚持严的基调、严的措施、严的氛围，以优良作风作引领、以严明纪律强保障、以反腐惩恶清障碍，推动党的自我革命环环相扣、层层递进，在革故鼎新、守正创新中实现自我扬弃、自身跨越。以自我监督和人民监督相结合为强大动力，要求我们深入推进党的自我革命，必须切实把党内监督同国家机关监督、民主监督、司法监督、群众监督、舆论监督贯通起来，实现自律和他律良性互动、相得益彰，推动党的自我革命开创新局面。

深入把握习近平总书记关于党的自我革命的重要思想蕴含的道理学理哲理

学习贯彻二十届中央纪委三次全会精神，最重要、最关键的是学深悟透习近平总书记关于党的自我革命的重要思想。这就要求我们深入把握这一重要思想蕴含的道理学理哲理，做到知其言更知其义、知其然更知其所以然，以永远在路上的坚韧执着把党的自我革命进行到底。

习近平总书记关于党的自我革命的重要思想是一个具有很强政治性、科学性、实践性的理论体系，深刻体现习近平新时代中国特色社会主义思想的世界观和方法论，坚持运用贯穿其中的立场观点方法。这一重要思想为构建中国化的马克思主义党建理论体系提供了指导思想、基本概念、基础理论，也为中共党史党建学和纪检监察学学科体系、学术体系、话语体系建设指明了前进方向，打牢了思想根基。深入把握习近平总书记关于党的自我革命的重要思想蕴含的道理学理哲理，需要持之以恒在学习领悟上下功夫、在精深研究上下功夫，深刻琢磨其体系性、学理性，搞清楚蕴含其中的理论渊源、发展脉络、问题导向、内在逻辑。

学习的目的全在于运用。掌握好运用好习近平总书记关于党的自我革命的重要思想这个强大武器，我们党一定能够不断清除思想之垢、行为之弊、肌体之毒，不断增强自我净化、自我完善、自我革新、自我提高能力，在有效应对长期执政面临的风险考验中不断开辟百年大党自我革命新境界，更好地引领和保障强国建设、民族复兴伟业。

（执笔：祝灵君）

（《人民日报》2024 年 1 月 31 日第 9 版）

加强党的政治建设
推动全面从严治党向纵深发展

张忠军

习近平总书记在二十届中央纪委三次全会上发表的重要讲话，为新时代新征程深入推进全面从严治党、党风廉政建设和反腐败斗争提供了根本遵循。习近平总书记指出："要持之以恒净化政治生态""严明政治纪律和政治规矩，严肃党内政治生活""促进政治生态山清水秀"。营造风清气正的政治生态是加强党的政治建设的基础性、经常性工作，需要浚其源、涵其林，养正气、固根本，锲而不舍、久久为功。新征程上，深入学习贯彻习近平总书记关于党的自我革命的重要思想，坚定拥护"两个确立"、坚决做到"两个维护"，要坚持党的政治建设的根本性地位，以党的政治建设为统领，推动全面从严治党向纵深发展。

坚持以党的政治建设为统领，抓住了全面从严治党的根本性问题

办好中国的事情，关键在党，关键在坚持党要管党、全面从严治党。党的十八大以来，以习近平同志为核心的党中央把全面从严治党作为新时代党的建设的鲜明主题，明确了政治建设在新时代党的建设中的战略定位，抓住了全面从严治党的根本性问题。

旗帜鲜明讲政治是我们党作为马克思主义政党的根本要求。习近平总书记指出："马克思主义政党具有崇高政治理想、高尚政治追求、纯洁政治品质、严明政治纪律。如果马克思主义政党政治上的先进性丧失了，党的先进性和纯洁性就无从谈起。这就是我们把党的政治建设作为党的根本性建设的道理所在。"政治上的先进性，是马克思主义政党区别于其他政党的一个显著特征。加强党的政治建设，目的就是坚定政治信仰，强化政治领导，提高政治能力，净化政治生态，实现全党团结统一、行动一致。

政治上的主动是最有利的主动，政治上的被动是最危险的被动。习近平总书记强调："全面从严治党首先要从政治上看""政治问题要从政治上来解决"。不从政治上认识问题、解决问题，就会陷入头痛医头、脚痛医脚的被动局面，就无法从根本上解决问题。党的十八大以来，在全面从严治党实践中，我们深刻认识到，管党治党"宽松软"等问题，从根子上看就是政治上"宽松软"导致的，是一些党员领导干部在政治上犯糊涂，一些党组织对政治建设没有抓紧、没有抓实导致的。

加强党的政治建设是解决党内各种问题的治本之策。我们要把党的政治建设摆在首位，坚持以党的政治建设为统领，突出"两个维护"深化政治监督，从根本上解决党内存在的思想不纯、政治不纯、组织不纯、作风不纯等问题。要把严明党的政治纪律和政治规矩摆在突出位置，聚焦政治忠诚、政治安全、政治责任、政治立场、党内政治生活等，坚决纠正政治偏差，及时消除政治隐患，使我们党始终具有崇高政治理想、高尚政治追求、纯洁政治品质、严明政治纪律，永葆党的先进性和纯洁性。

加强党的政治建设有力推动全面从严治党向纵深发展

党的十八大以来，以习近平同志为核心的党中央，以党的政治建设统领党的建设各项工作，坚持和加强党的全面领导，严明政治纪律和政治规矩，持之以恒正风肃纪，开展史无前例的反腐败斗争，刹住了一些长期没有刹住的歪风，纠治了一些多年未除的顽瘴痼疾，消除了党、国家、军队内部存在的严重隐患，从根本上扭转了管党治党宽松软状况。经过艰苦努力，我们党成功开辟百年大党自我革命新境界，党在革命性锻造中更加坚强有力，在坚持和发展中国特色社会主义的历史进程中始终成为坚强领导核心。

保证全党服从中央，坚持党中央权威和集中统一领导。党的领导是中国特色社会主义最本质的特征，是中国特色社会主义制度的最大优势，坚持党的全面领导是坚持和发展中国特色社会主义的必由之路。通过加强党的政治建设，推动全党自觉在思想上政治上行动上同以习近平同志为核心的党中央保持高度一致，深刻领悟"两个确立"的决定性意义，增强"四个意识"、坚定"四个自信"、做到"两个维护"，确保党发挥总揽全局、协调各方的领导核心作用，实现全党团结统一、行动一致。

坚持不懈用习近平新时代中国特色社会主义思想凝心铸魂。全面从严治党，必须补足共产党人精神上的"钙"，铸牢思想之魂。我们发挥党的政治建设对党的思想建设的政治指南针作用，教育引导党员干部深入学习马克思主义基本理论，深刻把握习近平新时代中国特色社会主义思想的世界观和方法论，自觉运用贯穿其中的立场观点方法，将科学理论转化为坚定理想、锤炼党性和指导实践、推动工作的强大力量。教育引导党员干部筑牢忠诚干净担当的思想根基，坚守共产党人精神追求，自觉做共产主义远大理想和中国特色社会主义共同理想的坚定信仰者和忠实实践者。

完善党的自我革命制度规范体系。从严治党要靠思想教育，更要靠制度保障。我们党以党章为根本，以民主集中制为核心，不断完善党内法规制度体系，增强党内法规权威性和执行力，形成坚持真理、修正错误，发现问题、纠正偏差的机制。健全党统一领导、全面覆盖、权威高效的监督体系，完善权力监督制约机制，以党内监督为主导，促进各类监督贯通协调、形成合力，让权力在阳光下运行。着力推进政治监督具体化、精准化、常态化，坚决清除党员、干部队伍中的害群之马，从严从实加强对党员干部的管理监督，推动全面从严治党向纵深发展。

坚持以严的基调强化正风肃纪。作风问题本质上是党性问题，必须坚持党性党风党纪一起抓，推进作风建设常态化长效化。我们党全面加强党的纪律建设，使纪律真正成为带电的高压线，把坚决做到"两个维护"作为首要政治纪律。紧扣民心这个最大的政治，坚持党的群众路线，永葆共产党人的政治本色。弘扬党的光荣传统和优良作风，持续深化纠治"四风"，着力整治形式主义、官僚主义突出问题。

坚决打赢反腐败斗争攻坚战持久战。腐败是危害党的生命力和战斗力的最大毒瘤，反腐败是最彻底的自我革命，是一场输不起也决不能输的重大政治斗争。我们加强党对反腐败斗争的集中统一领导，持续保持惩治腐败高压态势，坚持一体推进不敢腐、不能腐、不想腐，深化标本兼治、系统施治，不断拓展反腐败斗争深度广度，对症下药、精准施治、多措并举，让反复发作的老问题逐渐减少，让新出现的问题难以蔓延，推动防范和治理腐败问题常态化、长效化。

为全面推进强国建设、民族复兴伟业提供坚强保障

新征程上，我们要坚定拥护"两个确立"、坚决做到"两个维护"，坚持以党的政治建设为统领，纵深推进全面从严治党、党的自我革命，为以中国式现代化全面推进强国建设、民族复兴伟业提供坚强保障。

坚持和加强党的全面领导。习近平总书记指出："坚持和加强党的全面领导，关系党和国家前途命运，我们的全部事业都建立在这个基础之上，都根植于这个最本质特征和最大优势。"要健全坚持和加强党的全面领导的组织体系、制度体系、工作机制，把党的全面领导落实到改革发展稳定、内政外交国防、治党治国治军等各领域各方面各环节，切实把党的全面领导的制度优势转化为治理效能，推动全党为全面推进强国建设、民族复兴伟业而团结奋斗。

把准政治方向。习近平总书记指出："政治方向是党生存发展第一

位的问题，事关党的前途命运和事业兴衰成败。"加强党的政治建设，就要引导全党把智慧和力量凝聚到新时代坚持和发展中国特色社会主义伟大事业上来，凝聚到推进中国式现代化这个最大的政治上来，推动全党把坚持正确政治方向贯彻到谋划重大战略、制定重大政策、部署重大任务、推进重大工作的实践中去，经常对标对表，及时校准偏差，确保党和国家各项事业始终沿着正确政治方向前进。

坚定政治立场。政治立场事关党的政治建设根本。我们党始终坚定马克思主义立场，坚决站稳党性立场和人民立场。我们要把对党负责和对人民负责高度统一起来，坚持以党的旗帜为旗帜、以党的方向为方向、以党的意志为意志，始终做到在党言党、在党忧党、在党为党，任何时候都与党同心同德。要始终把人民放在心中最高位置，坚持以人民为中心的发展思想，把实现人民对美好生活的向往作为现代化建设的出发点和落脚点，始终保持同人民群众的血肉联系，始终接受人民批评和监督，始终同人民同呼吸、共命运、心连心。

提高政治能力。习近平总书记指出："在干部干好工作所需的各种能力中，政治能力是第一位的。"提高政治能力，就是要善于从政治上分析问题、解决问题。只有从政治上分析问题才能看清本质，只有从政治上解决问题才能抓住根本。要始终做政治上的明白人、老实人，始终保持高度的政治敏锐性，不断增强政治判断力、政治领悟力、政治执行力，把对党忠诚、为党分忧、为党尽职、为民造福作为根本政治担当，以奋发有为的精神状态和"时时放心不下"的责任担当，践行共产党人的初心和使命，在强国建设、民族复兴的奋斗征程上建功立业。

（《人民日报》2024年2月22日第9版）

大力弘扬艰苦奋斗、勤俭节约精神

姜泽洵

习近平总书记高度重视粮食安全，提倡"厉行节约、反对浪费"的社会风尚，党的十八大以来多次就厉行节约、反对浪费作出重要指示，强调要制止餐饮浪费行为，要求"倡导简约适度、绿色低碳的生活方式"。全社会积极响应，把厉行节约、反对浪费落实到行动上。《中共中央办公厅关于巩固拓展学习贯彻习近平新时代中国特色社会主义思想主题教育成果的意见》提出："督促广大党员、干部发扬艰苦奋斗、勤俭节约的优良作风，自觉养成过紧日子的习惯。"艰苦奋斗、勤俭节约是中华民族的优良传统，也是我们党的传家宝。新征程上，全党全国各族人民要坚持以习近平新时代中国特色社会主义思想为指导，大力弘扬艰苦奋斗、勤俭节约精神，以中国式现代化全面推进强国建设、民族复兴伟业。

艰苦奋斗、勤俭节约的思想永远不能丢

习近平总书记指出："不论我们国家发展到什么水平，不论人民生活改善到什么地步，艰苦奋斗、勤俭节约的思想永远不能丢。"弘扬艰苦奋斗、勤俭节约精神，是对中华优秀传统文化的自觉传承和历史发展规律的深入把握，是对党长期奋斗历程的深刻总结，也是对党和国家长治久安的深刻忧思。

对历史经验的深刻借鉴。中华优秀传统文化讲求"静以修身，俭以养德"，告诫人们"由俭入奢易，由奢入俭难"，强调"一粥一饭，当思来处不易"，倡导勤俭节约，不贪图安逸享受，在勤俭节约中培育不怕困难、勇于吃苦、抵御诱惑的坚强意志。艰苦奋斗、勤俭节约也是我们党的政治本色和优良传统，是我们党一路走来、发展壮大的重要保证，是共产党人党性修养和人格魅力的生动体现。革命战争时期，我们党坚持厉行节约，号召"节省每一个铜板为着战争和革命事业"。在西柏坡，我们党对可能侵蚀自身肌体的各种腐化思想保持高度警惕，提出"两个务必"。新中国成立初期，毛泽东同志号召"全国一切革命工作人员永远保持过去十余年间在延安和陕甘宁边区的工作人员中所具有的艰苦奋斗的作风"。进入新时代，习近平总书记高度重视发扬艰苦奋斗、勤俭节约精神，发表一系列重要论述，强调"能不能坚守艰苦奋斗精神，是关系党和人民事业兴衰成败的大事""不管条件如何变化，自力更生、艰苦奋斗的志气不能丢"，等等。正是依靠艰苦奋斗，我们党带领人民发挥聪明才智、挥洒辛勤汗水、付出巨大牺牲，取得伟大成就，铸就了今日中国的蓬勃生机。

赢得发展主动权的现实需要。虽然我国已经成为世界第二大经济体，各方面实力大大增强，人民生活条件大大改善，但我们决不能丢掉艰苦奋斗、勤俭节约精神。当前，世界百年未有之大变局加速演进，世界之变、时代之变、历史之变正以前所未有的方式展开，中华民族伟大复兴进入关键时期。在实现伟大梦想的征途中，我们要深刻认识到，我国发展起来了，但我们面对的矛盾和风险不是少了，而是增多了；改革发展需要解决的问题不是简单了，而是更为艰巨复杂了。越是发展，越要奋斗。过去的辉煌成就是靠艰苦奋斗取得的，更加美好的明天仍要靠发扬艰苦奋斗精神来创造。肩负推进中国式现代化的光荣使命，面对前进道路上的风险挑战，我们要主动接过艰苦奋斗的接力棒，弘扬艰苦奋斗、勤俭节约的优良作风。

提高全社会文明程度的必然要求。人无精神则不立，国无精神则不强。新时代，在以习近平同志为核心的党中央坚强领导下，我国经济发展取得举世瞩目的成就。经济实力实现历史性跃升，人民生活水平明显提升，居民人均可支配收入从 2012 年的 1.65 万元提高到 2023 年的 3.9 万元以上。国家强盛、民族复兴需要物质文明的积累，也需要精神文明的升华。勤俭节约、杜绝浪费是社会风气良好的重要表现，而奢侈浮夸则是社会风气败坏的征兆。当前，节约光荣、浪费可耻成为越来越多人的共识，节约理念在越来越多领域得到践行，文明风尚浸润人心、健康生活方式融入日常，全社会文明程度不断提高。新时代新征程，我们要大力弘扬艰苦奋斗、勤俭节约精神，提高全社会文明程度，让全体人民拥有团结奋斗的思想基础、开拓进取的主动精神、健康向上的价值追求，推动中国式现代化建设披荆斩棘、一往无前。

增强问题意识，抓住关键环节

党的十八大以来，各地区各部门贯彻落实习近平总书记重要指示精神，采取一系列措施，大力整治浪费之风，"舌尖上的浪费"现象有所改观，特别是群众反映强烈的公款餐饮浪费行为得到有效遏制。2021 年 4 月 29 日，十三届全国人大常委会第二十八次会议通过《中华人民共和国反食品浪费法》；同年 10 月 18 日，中共中央办公厅、国务院办公厅印发《粮食节约行动方案》。这些法律和政策文件共同构成了我国节约粮食工作的基础制度框架。同时要看到，从日常餐饮到社会生活各领域，一些地方和环节的浪费现象仍不同程度存在。

主观上，一些人还没有充分认识到节约的重要性。从消费群体来看，存在浪费现象的原因有的是攀比心理和虚荣心作祟，以奢为荣、追求享乐，讲排场、好面子。比如，认为点餐宁多勿少、饭菜有剩余是热情的表现；宴请大操大办，讲排场、比阔气；剩菜剩饭不好意思打包带走；等等。有的是缺乏社会责任感，认为节俭与否纯属个人行为，自身经济状况允许就可以不考虑节约，没有认识到浪费的危害性。有的青少年没有经历过物质匮乏时期，对勤俭节约的重要性难以有切身感受。从供给方来看，有的餐饮企业为了经济效益，觉得顾客点得越多越好，没有提醒顾客按需适量点餐。此外，在一些公共场所耗费公共资源时，一些人缺乏节约观念。例如，有的大型建筑内过度使用空调或加热系统，导致能源浪费。

客观上，厉行节约的技术和制度等还不完备。粮食在采收、储运、加工、销售、消费等环节存在"跑冒滴漏"现象。例如，由于过度加工较为严重，水稻在加工环节损耗较多。《中国农业产业发展报告 2023》显示，到 2035 年，若我国粮食收获、储藏、加工和消费环节损失率分别减少 1 至 3 个百分点，可降低三大主粮损失约 1100 亿斤。从这个意义上讲，节约就是增产，是增加粮食有效供给的一块"无形良田"，也是提高粮食安全保障水平的重要内容。同时，在厉行节约的制度执行上还有待强化。例如，反食品浪费法明确了餐饮服务经营者的责任，如"引导消费者按需适量点餐""可以对造成明显浪费的消费者收取处理厨余垃圾的相应费用"等，并针对违反法律规定的不同情形明确了处理标准，但在实际执行中还没有完全落实，导致震慑和警示作用不明显。

坚持久久为功，使厉行节约、反对浪费在全社会蔚然成风

习近平总书记指出："浪费之风务必狠刹！要加大宣传引导力度，大力弘扬中华民族勤俭节约的优秀传统，大力宣传节约光荣、浪费可耻的思想观念，努力使厉行节约、反对浪费在全社会蔚然成风。"生活越来越好，但节俭的好习惯不能丢。全社会要共同行动起来，倡导俭朴、力戒奢靡，长期坚持、久久为功，让艰苦奋斗、勤俭节约精神付诸实践、见于行动。

发挥党员干部的模范带头作用，以党风带动社会风气持续好转。毛泽东同志曾指出："应该使一切政府工作人员明白，贪污和浪费是极大的犯罪。"党的十八大以来，以习近平同志为核心的党中央坚持以上率下，推动全党认真落实中央八项规定及其实施细则精神，持之以恒正风肃纪反腐，以钉钉子精神纠治"四风"，推动党风、政风、

社会风气发生根本性变化。朴素节俭、清朗清廉之风弥足珍贵，必须保持下去、发扬光大。对于广大党员干部来说，要继承和弘扬老一辈革命家的优良传统，带头艰苦奋斗、勤俭节约，争做勤俭节约的标杆，以自己的身体力行、率先垂范，促进勤俭节约在全社会蔚然成风。

加强多方共治，形成厉行节约、反对浪费的合力。从宏观视角看，解决粮食浪费问题是一个系统工程，离不开一系列制度和法规的完善，离不开科技投入和基础设施建设，更离不开人们观念和意识的转变。要建立健全反食品浪费监督检查机制，以刚性的制度约束、严格的制度执行，坚决制止餐饮浪费行为，切实遏制消费中的各种不良现象。加大对科学种粮、储粮、运输、加工的技术支持和资金投入，制定节粮减损的针对性举措，既要加强生产源头管控，也要做好储运环节减损，更要提升加工利用水平、遏制餐饮浪费，综合施策、配套衔接，做到"产储运加消"全链条减损。餐饮服务企业要发挥示范引领作用，从优化餐品供给结构、优化餐品信息展示、强化全流程消费提醒等方面，提示消费者按需点餐、理性消费，推动建立防范食品浪费的长效机制，让勤俭节约的生活方式和消费模式成为更多人的选择。

强化宣传引导，营造崇尚节俭的社会氛围。一方面，将正面宣传和反面警示相结合，引导人们强化价值观建设和消费观养成，形成简约适度、绿色低碳的家庭生活方式。做好宣传引导，让更多人深化对粮情的认识，进一步增强爱粮节粮意识。可以结合世界粮食日、全国爱粮节粮宣传周等时点，组织开展爱粮节粮先进单位和示范家庭创建活动，对肆意浪费粮食的人和事进行批评教育。另一方面，创新宣传教育的内容和形式，增强感染力。比如，学校以开展劳动教育为契机，组织学生体验农事活动，让他们切身感受粮食来之不易，培养节俭意识和节约习惯。发挥家长在生活中的示范作用，通过言传身教培养孩子勤俭节约良好美德，让节约成为一种习惯、责任和修养。

（《人民日报》2024 年 3 月 21 日第 9 版）

始终保持共产党人的政治本色

祝灵君

"强党性"是学习贯彻习近平新时代中国特色社会主义思想主题教育的总要求之一。党性，是马克思主义政党的独有属性，本质上反映了党的先进性和纯洁性。中国共产党只有不断增强党性，确保不变质、不变色、不变味，才能始终成为中国人民的主心骨和中国特色社会主义事业的领导核心。关于增强党性、加强党性修养的重要论述，是习近平新时代中国特色社会主义思想的重要组成部分，这些论述涉及哲学的党性、新闻媒体的党性、党员的党性、马克思主义政党的党性等重要方面，涵盖党员、干部的理论修养、政治修养、道德修养、纪律修养、作风修养和专业素养等具体要求。全党同志应自觉用习近平新时代中国特色社会主义思想改造主观世界，深刻领会这一思想关于坚定理想信念、提升思想境界、加强党性锻炼等一系列要求，始终保持共产党人的政治本色。

用党的创新理论改造主观世界

习近平总书记指出："政治上的坚定、党性上的坚定都离不开理论上的坚定。"对马克思主义真学真懂真信真用，不断提升理论修养，是共产党人增强党性的基本要求。马克思主义建党学说表明，理论上的彻底才会有行动上的坚定。共产党人在对任何事情作出评价时必须率直而公开地站到最广大人民的立场上来，善于用辩证唯物主义和历史唯物主义的世界观、方法论分析问题、解决问题。马克思主义是行动的指南，而不是教条，用发展着的马克思主义指导实践，意味着党与时俱进，始终走在时代前列。党的创新理论蕴含着改造客观世界的丰富思想成果，用这些成果武装头脑，能够深化主观认识、把握实践规律、明确行动方向、推动各项工作。

毛泽东同志指出："如果我们党有一百个至二百个系统地而不是零碎地、实际地而不是空洞地学会了马克思列宁主义的同志，就会大大地提高我们党的战斗力量。"今天，我们党团结带领人民开启实现第二个百年奋斗目标新征程，推进强国建设、民族复兴，绝不会是轻轻松松、敲锣打鼓就能实现的，注定会遇到从未出现过的全新课题、遭遇各种艰难险阻、经受许多风高浪急甚至惊涛骇浪。而且，推进中国式现代化在世界范围内并没有什么现成的模式和道路可以模仿，需要党和人民坚持走自己的路，在波澜壮阔的斗争和实践中找到指引前进方向的旗帜。全党同志只有学习好贯彻好习近平新时代中国特色社会主义思想，不断增进政治认同、思想认同、理论认同、情感认同，才能在重大历史关头用理论上的坚定确保统一全党思想意志行动，始终保持党的强大凝聚力、战斗力。

坚守共产党人的精神家园

理想信念是共产党人精神上的"钙"，精神上缺钙，就会得"软骨病"。中国共产党人的理想信念，就是马克思主义信仰、共产主义远大理想和中国特色社会主义共同理想。习近平总书记指出："对共产党人来讲，动摇了信仰，背离了党性，丢掉了宗旨，就可能在'围猎'中被人捕获。只有在立根固本上下功夫，才能防止歪风邪气近身附体。""无论过去、现在还是将来，对马克思主义的信仰，对中国特色社会主义的信念，对实现中华民族伟大复兴中国梦的信心，都是指引和支撑中国人民站起来、富起来、强起来的强大精神力量。"如此看来，共产党人坚定理想信念就是坚守精神家园。

坚定理想信念，根本在于熟练掌握辩证唯物主义和历史唯物主义。习近平总书记指出："我们一些同志之所以理想渺茫、信仰动摇，根本的就是历史唯物主义观点不牢固。"党的十八大以来，以习近平同志为核心的党中央高度重视运用马克思主义世界观、方法论这门"共同语言"，不断提高全党的战略思维、历史思维、辩证思维、系统思维、创新思维、法治思维、底线思维能力。党的二十大报告概括提出的"六个必须坚持"，是习近平新时代中国特色社会主义思想的立场观点方法的重要体现，需要全党同志重点学习、深刻领悟、全面把握。坚定理想信念，还要在学习中把握规律、看清大势。读书学习是领导干部加强党性修养、坚定理想信念、提升精神境界的一个重要途径。全党同志要坚持读原著学原文悟原理，一字一句学，结合实际学，带着问题学，在古今中外比较中学，深刻领悟习近平新时代中国特色社会主义思想的中国意义、时代意义、世界意义，始终成为党的创新理论的忠实信仰者和践行者，不断夯实中国共产党人的政治灵魂和思想根基。

对党忠诚是共产党人首要的政治品质

共产党人无论想问题、搞研究，还是做决策、办事情，都必须站在党和人民立场上，这是最基本的党性原则，也是提升思想境界的根本要求。毛泽东同志指出："党性是共同的性质、普遍的性质，全党每一个人都有的性质。""一致的行动，一致的意见，集体主义，就是党性。"改革开放后，邓小平同志指出："所有共产党员都要增强党性，遵守党的章程和纪律。不管是什么专家、学者、作家、艺术家，只要是党员，都不允许自视特殊，认为自己在政治上比党高明，可以自行其是。"党的十八大以来，习近平总书记指出："领导干部要忠诚干净担当，忠诚始终是第一位的。""对党忠诚，是共产党人首要的政治品质。"

共产党人对党忠诚、对人民忠诚是一致的。能否把对上负责和对下负责统一起来，取决于党员、干部的思想境界，取决于科学精神和担当品格。党员、干部做到对党忠诚，需要涵养真理的力量和人格的力量。习近平总书记指出："共产党人拥有人格力量，才能无愧于自己的称号，才能赢得人民赞誉。"在主题教育中，全党同志要在"学思想"的同时，深刻感悟习近平总书记"许党许国、报党报国"的真理情怀和"我将无我、不负人民"的人格力量，在见贤思齐中力争上游，在见德思齐中陶冶情操，全面提升思想境界和干事创业的精气神。

一刻不停地加强党性锻炼

党员、干部的党性修养不会随着党龄的增长而自然提高，也不会随着职务的升迁而自然提升，必须在思想淬炼、政治历练、实践锻炼、专业训练中充实提高。习近平总书记指出："一个人什么时候容易犯错误？就是以为自己万物皆备、一切顺利的时候，得心应手了就容易随心所欲，随心所欲而又不能做到不逾矩，就要出问题了。"党性锻炼只有起点、没有终点，没有最好、只有更好。

党员、干部加强党性锻炼，要坚持在修身中修心。习近平总书记指出："我们共产党人特别是领导干部都应该心胸开阔、志存高远，始终心系党、心系人民、心系国家，自觉坚持党性原则。"加强党性锻炼，必须严肃党内政治生活。党的十八大以来，习近平总书记高度重视党内政治生活，参加并指导河北省委常委班子专题民主生活会、指导河南兰考县委常委班子专题民主生活会，提倡党员干部咬耳扯袖、红脸出汗，用好批评和自我批评武器。加强党性锻炼，还要在改造客观世界中改造主观世界。在认识和改造客观世界的过程中不断推进认识和改造主观世界，通过认识和改造主观世界不断推进认识和改造客观世界，这是中国共产党人推动党和人民事业前进的规律，也是领导干部成长进步的规律。加强党性锻炼，必须始终坚持唯物主义态度。坚持历史唯物主义态度，始终站稳人民立场，始终对历史发展的曲折性保持清醒头脑，始终对历史的前进方向保持乐观态度；坚持辩证唯物主义态度，不信仰宗教，不搞封建迷信，培养健康的生活情操。总之，党员、干部要加强党性锻炼，在拿起批评和自我批评武器中实现党内团结，在共性和个性统一中实现党性对人性的升华，在否定之否定的螺旋上升中实现自我超越。

使党始终充满蓬勃生机和旺盛活力

各级党组织和党员、干部"强党性"，还要保持政治本色。所谓政治本色，就是指党的性质、宗旨、纲领、作风等本质性规定。在习近平新时代中国特色社会主义思想的基本观点、科学体系中，有大量关于保持共产党人政治本色的重要论述。比如，坚守党的初心和使命，弘扬伟大建党精神，加强党内政治文化建设，严肃党内政治生活，严格政治纪律和政治规矩，增强党组织的政治功能和组织功能，提高政治能力特别是政治判断力、政治领悟力、政治执行力，加强领导干部斗争精神和斗争本领养成，等等。

当前，全党同志要自觉学习贯彻习近平总书记关于加强党的政治建设、提高领导干部政治能力的重要论述，始终站在党和国家的高度思考问题，始终牢记"国之大者"，深刻领悟"两个确立"的决定性意义，自觉增强"四个意识"、坚定"四个自信"、做到"两个维护"，以党内坚强团结带动人民大团结，汇聚起14亿多中国人民的磅礴力量。领导干部特别是年轻干部要经常对照党的理论和路线方针政策、对照党章党规党纪、对照初心使命，看清一些事情该不该做、能不能干，时刻自重自省，严守纪法规矩，始终保持清正廉洁本色。各级各类党组织要突出问题导向，主动查找不足，接受政治体检，打扫政治灰尘，纠正行为偏差，解决思想不纯、组织不纯等方面存在的突出问题，不断增强自我净化、自我完善、自我革新、自我提高能力，使党始终充满蓬勃生机和旺盛活力，始终成为中国特色社会主义事业的坚强领导核心。

（《光明日报》2023 年 6 月 2 日第 11 版）

如何始终保持风清气正的政治生态

董振瑞

严肃党内政治生活、净化党内政治生态，是党的建设中带有根本性、基础性的问题，关乎党的团结统一，关乎党的生死存亡。习近平总书记指出，"抓住了这个点，我们党就能更好凝心聚魂、强身健体。"党的十九大报告提出，"营造风清气正的良好政治生态"。党的二十大报告要求，"持续净化党内政治生态"。在二十届中央纪委二次全会上，习近平总书记进一步将如何始终保持风清气正的政治生态总结为我们这个百年大党必须解决的六大独有难题之一，并就其形成原因、主要表现和破解之道作出深刻阐发。

习近平总书记围绕如何始终保持风清气正的政治生态发表的一系列重要论述，对于全党常怀忧患意识、底线思维，深刻理解持续净化党内政治生态的重大意义，时刻保持解决大党独有难题的清醒和坚定，在全社会凝聚起推动中国发展进步的磅礴力量，具有十分重大的理论和现实意义。

做好各方面工作，必须有一个良好政治生态

习近平总书记指出："做好各方面工作，必须有一个良好政治生态。""政治生态好，人心就顺、正气就足；政治生态不好，就会人心涣散、弊病丛生。"风清气正的政治生态，在党的建设乃至党和国家事业全局中具有特殊重要的作用。党的百年奋斗历程表明，良好的政治生态既是涵养培育党的光荣传统和优良作风的生成土壤，振奋焕发党的旺盛生机的动力源泉，又是确保完成党在革命、建设、改革各个历史阶段各项中心任务的重要前提和有力保障。

习近平总书记强调："正反两方面经验告诉我们，什么时候党内政治生活正常健康，我们党就风清气正、团结统一，充满生机活力，党的事业就蓬勃发展；反之，就弊病丛生、人心涣散，各种错误思想、错误路线得不到及时纠正，给党和人民事业造成严重损失。"风清气正的政治生态是我们党坚持自身性质和宗旨的重要法宝。中国共产党是中国工人阶级的先锋队，同时是中国人民和中华民族的先锋队，是中国特色社会主义事业的领导核心；全心全意为人民服务是党的根本宗旨；为中国人民谋幸福、为中华民族谋复兴是党永志不忘的初心使命；人民对美好生活的向往是党始终不渝的奋斗目标。实践证明，风清气正的政治生态，不但能够时刻警醒全党始终牢记马克思主义政党的本色，始终牢记党的性质宗旨、理想信念、初心使命和奋斗目标，牢固树立以人民为中心的发展思想，始终保持党同人民群众的血肉联系，还能够促使全党始终牢记打铁必须自身硬的道理，在各种风浪考验中立得住脚、定得住神、守得住魂，使党永远不变质、不变色、不

变味。反之，政治生态一旦受到污染，不仅会对我们党的光荣传统和优良作风造成损害，还会使广大群众的热切期待落空，乃至使党的生机活力、光辉形象甚至执政基础蒙受不应有的损失和侵蚀。

习近平总书记强调："严肃认真的党内政治生活、健康洁净的党内政治生态，是党的优良作风的生成土壤，是党的旺盛生机的动力源泉，是保持党的先进性纯洁性、提高党的创造力凝聚力战斗力的重要条件，是党团结带领全国各族人民完成历史使命的有力保障，是我们党区别于其他非马克思主义政党的鲜明标志。"风清气正的政治生态是进行伟大斗争、建设伟大工程的题中应有之义。实现中华民族伟大复兴，关键在党。要肩负这一历史使命，我们党就必须准备进行具有许多新的历史特点的伟大斗争和深入推进党的建设新的伟大工程。全面加强和规范党内政治生活、大力营造风清气正的政治生态是其内在要求和重要任务。作为我们党代代相承的一个光荣传统，严肃认真的党内政治生活、健康洁净的党内政治生态，不仅是锤炼锻造广大党员干部党性的"大熔炉"，还是纯洁净化党风的"净化器"，更是我们党在长期奋斗中特别是在无数艰难曲折中所积累而来、能够有效解决党内矛盾问题的一条宝贵经验。

习近平总书记指出："全面净化党内政治生态，坚决纠正各种不正之风，以零容忍态度惩治腐败，不断增强党自我净化、自我完善、自我革新、自我提高的能力。"风清气正的政治生态是增强党自我净化、自我完善、自我革新、自我提高能力的重要途径。在新时代新征程上，我们党面对新的战略机遇、新的战略任务、新的战略阶段、新的战略要求、新的战略环境。世情、国情、党情的不断深刻变化，使我们党所要面对的种种风险挑战和矛盾考验较以往更为错综复杂，也对我们党的自身建设提出了更为严峻紧迫的考验。新时代十年全面从严治党所取得的历史性、开创性成就充分证明，要胜任这个考验，我们就必须增强全面从严治党的系统性、预见性、创造性、实效性，使全面从严治党的一切努力都集中到增强党自我净化、自我完善、自我革新、自我提高能力上来，集中到提高党的领导能力和执政能力、保持和发展党的先进性和纯洁性上来。风清气正的政治生态，能够有效教育引导全党坚定理想信念宗旨，增强党要管党、全面从严治党的自觉，不断提高党性觉悟，自觉抵御各种腐朽思想侵蚀，不断提高政治免疫力，同时又能够涵养积极健康的党内政治文化，不断增强党自我净化、自我完善、自我革新、自我提高能力。

抓住关键环节，维护好风清气正政治生态

严肃党内政治生活是净化党内政治生态的有力抓手，净化党内政治生态是严肃党内政治生活的目标指向。如同自然生态一样，政治生态也有其自身生长规律，稍不注意，就很容易受到污染；而一旦出现问题，再想恢复就要付出很大代价。如何才能始终保持风清气正的政治生态？习近平总书记强调："严肃党内政治生活是一篇大文章，其中最重要的是围绕坚持党的政治路线、思想路线、组织路线、群众路线，坚持和完善民主集中制、严格党的组织生活等重点内容，集中解决好突出问题。"

坚持正本清源、固本培元，筑牢信仰之基、补足精神之钙、把稳思想之舵。理想信念是共产党人精神上的"钙"，没有理想信念，精神上就会"缺钙"，就会得"软骨病"。习近平总书记指出："党内政治

生活出现这样那样的问题，根子还是一些党员、干部理想信念这个'压舱石'发生了动摇，世界观、人生观、价值观这个'总开关'出现了松动。"要始终保持风清气正的政治生态，就必须把加强思想政治建设摆在首位，坚持不懈强化理论武装，毫不放松加强党性教育，持之以恒加强道德教育，引导广大党员干部增强"四个意识"、坚定"四个自信"、做到"两个维护"，坚守真理、坚守正道、坚守原则、坚守规矩，明大德、守公德、严私德，重品行、正操守、养心性，做到以信念、人格、实干立身。要注重加强党内政治文化建设，弘扬和践行忠诚老实、公道正派、实事求是、清正廉洁等价值观，旗帜鲜明抵制和反对庸俗腐朽的政治文化，不断培厚良好政治生态的土壤。

坚持激浊和扬清两手并重，让党内正能量充沛，让歪风邪气无所遁形。习近平总书记指出："激浊，首先要铲除腐败这个最致命的'污染源'，下大气力拔'烂树'、治'病树'、正'歪树'。"扬清，"关键是要扬选人用人之清""要扬党内关系之清"。激浊和扬清要两手并重，一手坚决铲除腐败滋生土壤和条件，深入推进作风建设，最大限度压缩党内不良行为的生存空间；另一手则坚持正确用人导向，通过落实好干部标准，大力整治选人用人上的不正之风，以用人环境的风清气正来促进政治生态的"山清水秀"。

坚持立规明矩，把纪律规矩立起来、严起来。党的纪律规矩既是管党治党的戒尺，又是保持风清气正政治生态的内在要求和重要保证。习近平总书记指出："严肃党内政治生活，必须把纪律规矩立起来、严起来。要对现有的制度规定进行梳理，该修订的修订，该补充的补充，该新建的新建，让党内政治生活有规可依、有章可循。"必须坚持问题导向，下大气力建制度、立规矩，通过体制机制改革和制度创新促进政治生态持续改善，不断压缩消极腐败现象生存空间和滋生土壤。纪律规矩立起来后，执行必须要跟上，要坚持有令必行、有禁必止，狠抓制度执行，真正让铁规发力、让禁令生威，使各项纪律规矩真正成为维护风清气正政治生态的带电的高压线，坚决防止出现"破窗效应"。

坚持以上率下，发挥领导干部"关键少数"的模范带头作用。发挥领导干部"关键少数"的模范带头作用，是我们党自革命战争年代便形成的一种领导方法和工作方法。党的十八大以来，全面从严治党之所以能够取得历史性、开创性成就，其原因之一就是我们在对广大党员提出普遍性要求，用严格教育、严明纪律管住大多数的同时，又对"关键少数"特别是高级干部提出更高更严的标准，进行更严的管理监督。各级领导干部以身作则、模范带头贯彻执行中央八项规定及其实施细则精神。习近平总书记指出："要坚持从中央政治局常委会、中央政治局、中央委员会做起，从高级干部严起，加强和规范党内政治生活，净化政治生态。""关键少数"的模范带头作用，极大地推动了全党自觉维护好党内政治生态的思想自觉和行动自觉。

坚持继承创新，更好发挥党内政治生活功能作用。世异则事异，事异则备变。改革发展稳定、内政外交国防、治党治国治军各个领域各个方面，每时每刻都会产生大量的新情况新问题，也对净化党内政治生态提出新要求新任务。面对这种情况，就要抓住继承和创新这两个关键环节。习近平总书记指出："传承和发扬党内政治生活优良传统，同时立足新的实际，不断进行改进和创新，善于以新的经验指导新的实践。"对于我们党在长期实践中形成的光荣传统，绝对不能丢，丢了就丢了魂。要立足新的实际，不断从内容、形式、载体、方法、手段等方面进行改进和创新，善于以新的经验指导新的实践，以更好发挥党内政治生活的作用，努力在全党造成一个又有集中又有民主、又有纪律又有自由、又有统一意志又有个人心情舒畅生动活泼的政治局面。

持续净化党内政治生态是一项长期而艰巨的任务

营造良好政治生态是一项长期任务，必须作为党的政治建设的基础性、经常性工作，浚其源、涵其林，养正气、固根本，锲而不舍、久久为功。

必须把持续净化党内政治生态作为党的政治建设的一项基础性、经常性工作常抓不懈。"浇风易渐，淳化难归。"在我们党长期执政条件下，各种弱化党的先进性、损害党的纯洁性的因素无时不有，各种侵蚀党的肌体健康的病毒无处不在，如果不从持续净化党内政治生态的高度去严加防范、及时整治，不将其作为一项基础性、经常性工作常抓不懈，久而久之必将积重难返。净化政治生态同修复自然生态一样，绝非一朝一夕之功，需要综合施策、协同推进。必须自觉遵守党章，自觉按照党的组织原则和党内政治生活准则办事，自觉接受党的纪律约束，勇于开展批评和自我批评，带头弘扬正气、抵制歪风邪气；必须把党的领导体现到日常管理监督中，敢于较真，注重日常，抓早抓小、防微杜渐，切实对本地区本单位的政治生态负责；必须坚定信心决心，保持定力耐力，以久久为功的韧劲持续净化政治生态。

广大党员干部要为开展严肃认真的党内政治生活、净化党内政治生态作出贡献。党的十八大以来，以习近平同志为核心的党中央把严肃党内政治生活、净化党内政治生态摆在更加突出位置，经过不懈努力，党内政治生活气象更新，风清气正的党内政治生态不断形成和发展，为党和国家事业发展提供了坚强政治保证。但也要清醒认识到，党内政治生活随意化、形式化、平淡化、庸俗化的问题没有得到彻底解决，一些影响党内政治生态的消极因素尚未根除，一些深层次矛盾和问题尚未根本解决，一些老问题死灰复燃、反弹回潮的隐患依然存在。习近平总书记指出："要充分发挥广大党员、干部在党的建设中的主体作用，一手抓规范约束，一手抓引导激励，更加有效地调动全党上下的积极性、主动性、创造性，使各级党组织和全党同志切实做到对党忠诚、为党分忧、为党担责、为党尽责。"我们要认真学习领会习近平总书记的重要论述精神，不断提高政治判断力、政治领悟力、政治执行力，在党内政治生活中经常接受政治体检，打扫政治灰尘，净化政治灵魂，增强政治免疫力，全面净化党内政治生态。

以全党的强大正能量在全社会凝聚起推动中国发展进步的磅礴力量。办好中国的事情，关键在党，关键在坚持党要管党、全面从严治党。新征程上，我们党只有持续净化党内政治生态，才能不断汇聚起激浊扬清的强大正能量，切实增强党的自我净化、自我完善、自我革新、自我提高能力，切实增强党的政治领导力、思想引领力、群众组织力、社会号召力，进而以党的伟大自我革命推动伟大社会革命。我们要落实新时代党的建设总要求，健全全面从严治党体系，全面推进党的自我净化、自我完善、自我革新、自我提高，使我们党坚守初心使命，始终成为中国特色社会主义事业的坚强领导核心。必须牢记全面从严治党永远在路上，党的自我革命永远在路上，必须紧紧抓住严肃党内政治生活、净化党内政治生态这个党的建设中带有根本性、基础性的问题，必须时刻保持解决大党独有难题的清醒和坚定，不断增强党自我净化、自我完善、自我革新、自我提高能力，以党的伟大自我革命引领伟大社会革命。

（《中国纪检监察报》2023 年 8 月 10 日第 8 版）

打造山清水秀政治生态

郭玉亮

习近平总书记在二十届中央纪委三次全会上强调，要持之以恒净化政治生态，坚持激浊和扬清并举，严明政治纪律和政治规矩，严肃党内政治生活，破"潜规则"，立"明规矩"，强调必须坚持不懈整治选人用人上的不正之风，推动形成清清爽爽的同志关系、规规矩矩的上下级关系，促进政治生态山清水秀。

打造山清水秀的政治生态是全面推进强国建设、民族复兴伟业的必然要求。习近平总书记强调，"做好各方面工作，必须有一个良好政治生态""政治生态好，人心就顺、正气就足；政治生态不好，就会人心涣散、弊病丛生"。党的十八大以来，以习近平同志为核心的党中央发扬彻底的自我革命精神，坚持不懈把全面从严治党向纵深推进，把严肃党内政治生活、净化党内政治生态摆在更加突出位置，坚定不移推进正风肃纪反腐，经过不懈努力，党内政治生活气象更新，山清水秀的政治生态不断形成和发展，为党和国家事业发展提供了坚强政治保证。也要清醒看到，在一些地方、部门和领域政治生态污染严重的现象仍然存在，党内政治生活不正常不健康现象依然存在，团团伙伙、结党营私、拉帮结派等问题仍有发生，必须持之以恒净化政治生态，多措并举促进政治生态山清水秀。

要严肃党内政治生活。打造山清水秀的政治生态，要从党内政治生活严起，烧旺锤炼党性"大熔炉"，真正让党内政治生活严起来、实起来、活起来。要加强理想信念教育，引导党员干部筑牢信仰之基、补足精神之钙、把稳思想之舵，自觉用习近平新时代中国特色社会主义思想凝心铸魂；要加强政治教育，引导党员干部坚定拥护"两个确立"、坚决做到"两个维护"，自觉在政治立场、政治方向、政治原则、政治道路上同党中央保持高度一致；要加强党性党风党纪教育，引导党员干部牢记初心使命，增强宗旨意识，传承党的光荣传统和优良作风，激发共产党员崇高理想追求；要加强道德教育，引导党员干部明大德、守公德、严私德，明是非、辨善恶、知廉耻，做为政以德、正心修身的模范；要大力弘扬忠诚老实、公道正派、艰苦奋斗、清正廉洁等价值观，引导党员干部涵养政治定力、纪律定力、道德定力、抵腐定力，坚决抵制和反对庸俗腐朽的政治文化，不断培厚良好政治生态的土壤。

要严明政治纪律和政治规矩。党的政治纪律和政治规矩，是涵养山清水秀政治生态的重要保证。实践表明，一些党员干部出问题，往往是从破坏规矩、违反纪律开始的；一些地方政治生态出问题，也多是纲纪不彰、法度松弛导致的。打造山清水秀的政治生态，必须让纪律和规矩严起来，既要严格遵守党章、执行新形势下党内政治生活的若干准则，完善和落实民主集中制等各项制度，自觉接受组织和群众的监督，又要聚焦金融、国企、能源、医药和基建工程等权力集中、资金密集、资源富集领域强化治理，使纪律真正成为"带电的高压线"。同时，坚持以零容忍态度惩治腐败，坚持露头就打、绝不手软、绝不慈悲，坚决清除各种政治生态"污染源"。党员领导干部要以上率下、带头严守政治纪律和政治规矩，带头增强纪律意识和规矩意识，自觉用党章党规党纪约束一言一行，让遵规守纪成为日常习惯和自觉遵循。

要破"潜规则"立"明规矩"。实践表明，形形色色的潜规则、大大小小的关系网、"劣币驱逐良币"的逆淘汰等，是政治生态的重要污染源。打造山清水秀的政治生态必须向"潜规则"开刀，坚决抵制和反对关系学、"潜规则"等庸俗腐朽的政治文化，反对当面一套、背后一套的两面人做派，反对拉帮结派的圈子文化、码头文化，自觉抵制各种不正之风对党内生活的侵蚀。要坚持激浊和扬清并举，要破"潜规则"更要立"明规矩"。一方面，要持续扎紧制度的笼子，完善党内政治生活等各项制度，持续压缩"潜规则"和消极腐败现象滋生空间。另一方面，还要狠抓制度执行，抓紧抓实受贿行贿一起查制度、着力清除危害政治生态的重要"污染源"，通过精准有力执纪执法，把制度的刚性和权威牢固树立起来，让"潜规则"无所遁形，让"明规矩"刻印于心。

要坚持正确选人用人导向。选人用人导向是政治生态的风向标。用一贤人则群贤毕至。反之，如果用人导向不正，就会危害政治生态的源头。实践证明，把人民需要的好干部选出来、用起来，我们党的事业就会朝气蓬勃、生生不息。各级党组织要切实履行好管干部用干部的主体责任，既坚持不懈整治选人用人中的不正之风，又要发挥正确用人的激励作用，对敢于负责、勇于担当、善于作为、实绩突出的干部，及时大胆使用，为干部成长打开广阔空间，引导形成讲奋斗、善创造、敢担当的良好氛围。清清爽爽的同志关系、规规矩矩的上下级关系是保证工作顺利开展的重要前提，要坚决防止搞"小圈子"、"拜码头"、"搭天线"等，严惩政治骗子，强化对行贿、介绍行贿、洗钱等腐败关联犯罪的全链条惩治，坚决防止把商品交换原则带到党内，让积极健康、正气充盈的政治文化滋养人心、涵养生态。

（《中国纪检监察报》2024 年 2 月 29 日第 8 版）

年轻干部要自觉做良好政治生态的
有力促进者

苏敬装

良好政治生态是涵养党的优良传统和作风的土壤，是党的生机活力的源泉。习近平总书记在 2024 年春季学期中央党校（国家行政学院）中青年干部培训班开班之际作出重要指示，要求年轻干部"自觉做良好政治生态的有力促进者，发扬彻底的自我革命精神，节俭朴素、谦逊低调，坚决反对形式主义、官僚主义，坚决反对特权思想和特权行为，永葆共产党人清正廉洁的政治本色"。这一重要论述既深刻阐发了年轻干部应有的纪法规矩意识，也为年轻干部如何严守纪律规矩、永葆清正廉洁政治本色指明了方向、提供了遵循。

经过接续奋斗，我们已经迈上了全面建设社会主义现代化国家、向第二个百年奋斗目标进军的新征程，但艰苦奋斗、勤俭节约的思想永远不能丢。铺张浪费、奢靡享乐，不仅浪费有限资源，更会腐蚀人的心灵、消磨人的意志，败坏党风政风，最终会严重损害党的先进性和纯洁性、严重损害党的执政基础和执政地位。我们挥手作别苦日子，但还需要继续过紧日子，把有限资源更多用到发展经济和改善民生上来。"节俭朴素、谦逊低调"是年轻干部成长成才的前提和基础，是持续净化政治生态的必然要求。年轻干部要牢记"奢靡之始、危亡之渐"的古训，弘扬艰苦奋斗、勤勉节俭的精神，踏实做事、坚持原则、敢于担当，自觉在做好每一件小事中见成效、在履行每一项职责中见精神。

作风是政治生态最直接的体现、最直观的标尺。无数事实证明，一个地方、一个单位，作为骨干的领导干部特别是主要领导作风好，歪风邪气就会少、正气清风就会浓、为民作风就会实。年轻干部要把力戒形式主义和官僚主义、反对特权思想和特权行为作为加强作风建设的重点，正确对待权力、地位和利益，正确对待组织、群众和自己，克服浮躁情绪，多做解民忧、暖民心的实事好事，用实干实绩赢得组织和群众的真正认可，脚踏实地干事，做思想纯洁、品行端正的示范者，爱岗敬业、敢于负责的力行者，明礼诚信、遵纪守法的先行者，生活正派、情趣健康的引领者。

清正廉洁是我们党的政治本色，也是共产党人的政治品格。年轻干部要懂得"清廉是福、贪欲是祸"的道理，看清一些事情该不该做、能不能干，严格按照党的原则、纪律和规矩办事。勤掸"思想尘"、多思"贪欲害"、常破"心中贼"，以内无妄思保证外无妄动，确保任何时候都要稳得住心神、管得住行为、守得住清白。加强廉洁体检、堵塞廉洁漏洞、化解廉洁风险，特别是要从"小事"防起、从"小节"治起，自重自省自警自励、慎独慎微慎始慎终，正确处理公私、义利、是非、情法、亲清、俭奢、苦乐、得失的关系，做到清清白白为官、干干净净做事、老老实实做人。

自然生态要山清水秀，政治生态也要山清水秀。清风正气，犹如空气和阳光，受益而不觉，失之则难存。肩负民族复兴大任，年轻干部要自觉做良好政治生态的有力促进者，以彻底的自我革命精神检视自我和解决问题。以"自觉"之刃正视问题，经常对照党的理论、对照党章党规党纪、对照初心使命、对照党中央部署要求，主动查找、勇于改正自身的缺点和不足。以"检身若不及"的态度时刻检视自我，打扫政治灰尘、净化政治灵魂、纠正行为偏差，切实做到知耻而后勇、知止而后定。保持反躬自省的自觉、如临如履的谨慎、严管严治的担当，坚决与各种"潜规则""小圈子""拜码头"等行为作斗争，让政治生态"青山常在、绿水长流"。

（《学习时报》2024年3月22日第1版）

观 点

自觉做良好政治生态的有力促进者

吴阳松

良好政治生态是党的创造力、凝聚力和战斗力生成的基础，是党的各项事业蓬勃发展的保障。习近平总书记在 2024 年春季学期中央党校（国家行政学院）中青年干部培训班开班之际作出重要指示，强调年轻干部"要自觉做良好政治生态的有力促进者"，为年轻干部发扬彻底的自我革命精神、严守纪律规矩、永葆清正廉洁的政治本色提供了根本遵循。

讲政治纪律、守政治规矩是营造良好政治生态的基础。人不以规矩则废，党不以规矩则乱。严格的纪律性是我们党的政治优势和光荣传统，守纪律、讲规矩是共产党人的政治责任。在我们党的纪律体系中，政治纪律是牵头、管总的。年轻干部自觉做良好政治生态的有力促进者，就要始终同以习近平同志为核心的党中央保持高度一致而不另搞一套、维护团结而不拉帮结派、令行禁止而不我行我素、服从组织而不讨价还价、管好亲朋严防擅权干政，自觉做政治上的明白人、老实人。

作风是政治生态最直接的体现、最直观的标尺。作风反映领导干部的思想品质、道德修养和文化素养，是其世界观、人生观、价值观的集中体现，在一定程度上代表党和政府的形象，关系政治生态清明与否。一个地方、一个单位，领导干部作风好，歪风邪气就会少、清风正气就会浓、为民作风就会实。年轻干部要常修为政之德，常思贪欲之害，常怀律己之心，从日常生活严起，保持严肃的生活作风、培养健康的生活情趣，始终做到节俭朴素。特别是要强化自我约束，不论是在公开场合还是私底下、无人时、细微处，都要做到慎独慎微、慎始慎终。把力戒形式主义和官僚主义作为加强作风建设的重点，始终保持谦逊低调，自觉同特权思想和特权现象作斗争，在交往中有原则、有界限、有规矩，构筑起预防和抵制腐败的防护网，防范被利益集团"围猎"。

"风清则气正，气正则心齐，心齐则事成。"清正廉洁是我们党的政治本色，廉洁凝聚人心，腐败背离民意。只有坚持权为民所用、情为民所系、利为民所谋，才能获得最广泛、最可靠、最牢固的群众基础和力量源泉。年轻干部要牢记清廉是福、贪欲是祸的道理，经常对照党的理论和路线方针政策、对照党章党规党纪、对照初心使命，看清一些事情该不该做、能不能干。守住拒腐防变防线，最紧要的是守住内心。要从小事小节上守起，正心明道、怀德自重，经常性开展政治体检，主动打扫心灵上的灰尘、清除思想上的杂念、校正行动上的偏差，以内无妄思保证外无妄动。始终心存敬畏、手握戒尺，正确处理公私、义利、是非、情法、亲清、俭奢、苦乐、得失的关系，清清白白为官、干干净净做事、老老实实做人，在用好权、尽好责、办好事中推动形成风清气正的良好政治生态。

自然生态要山清水秀，政治生态也要山清水秀。肩负民族复兴大任，年轻干部要自觉做良好政治生态的有力促进者，树立正确的权力观、地位观、利益观，任何时候都要稳得住心神、管得住行为、守得住清白，以为民、务实、清廉的实际行动去带动身边人、影响周围人、感染更多人，以清风正气凝聚干事创业正能量。

（《人民日报》2024 年 4 月 26 日第 9 版）